走在前

农业现代化的"句容模式"

尹长生 著

江苏大学出版社
JIANGSU UNIVERSITY PRESS

镇 江

图书在版编目(CIP)数据

走在前：农业现代化的"句容模式"／尹长生著
. -- 镇江：江苏大学出版社，2023.11
ISBN 978-7-5684-2045-7

Ⅰ．①走… Ⅱ．①尹… Ⅲ．①农业现代化－研究－句
容 Ⅳ．①F327.534

中国国家版本馆 CIP 数据核字（2023）第 220548 号

走在前：农业现代化的"句容模式"
Zou Zai Qian：Nongye Xiandaihua De "Jurong Moshi"

著　者／尹长生
责任编辑／李　娜
出版发行／江苏大学出版社
地　　址／江苏省镇江市京口区学府路 301 号（邮编：212013）
电　　话／0511-84446464（传真）
网　　址／http：//press. ujs. edu. cn
排　　版／镇江文苑制版印刷有限责任公司
印　　刷／镇江文苑制版印刷有限责任公司
开　　本／710 mm×1 000 mm　1/16
印　　张／14.75
字　　数／210 千字
版　　次／2023 年 11 月第 1 版
印　　次／2023 年 11 月第 1 次印刷
书　　号／ISBN 978-7-5684-2045-7
定　　价／68.00 元

如有印装质量问题请与本社营销部联系（电话：0511-84440882）

序

习近平总书记关于乡村振兴的重要论述，内涵丰富、思想深邃，是时代的呼唤、国家的需求和人民的需要，也是实现农业高质高效、乡村宜居宜业和农民富裕富足的行动纲领，科学回答了新时代我国在农村人口规模、自然和社会环境差异巨大的条件下，"为何要实现农业农村现代化、实现什么样的农业农村现代化，以及如何实现农业农村现代化"等一系列重要理论和实践问题，为我国推进乡村全面振兴及促进农民农村共同富裕，贡献了卓越的政治智慧，提供了强大的智力支持。

在 14 亿多人口的国情下，不管我国工业化、城镇化进展到哪一步，农村都不会消亡，农业都要发展。实现中华民族伟大复兴，离不开乡村全面振兴。新时代人民日益增长的美好生活需要和不平衡不充分的发展之间的矛盾，在我国农村地区表现尤为突出。实施乡村振兴战略，就是要从解决我国社会主要矛盾出发，实现农业强、农村美、农民富，留住美好乡愁。强国必先强农，农强方能国强。没有农业农村现代化，社会主义现代化就是不全面的，做好乡村振兴这篇大文章，有利于以中国式农业农村现代化实现中华民族伟大复兴。在我们这样一个拥有 14 亿多人口的大国，实现乡村振兴是前无古人、后无来者的伟大创举，没有现成的、可照抄照搬的经验，我国乡村振兴道路怎么走只能靠我们自己去探索。要因地制宜，立足村庄实际建设，重视实地调研乡村，更好地掌握民情民意，遵循乡村自身发展规律，采取积极稳妥的方式推进乡村振兴。

乡村振兴是包括产业振兴、人才振兴、文化振兴、生态振兴、组织振兴的全面振兴，这既是乡村振兴的核心要义，也是乡村振兴战略的实施路径，它们相互促进、互为支撑。产业兴旺是乡村全面振兴的首要要求。产业兴旺，农民收入才能稳定增长。习近平总书记强调："要推动乡村产业振兴，紧紧围绕发展现代农业，围绕农村一二三产业融合发展，构建乡村产业体系，实现产业兴旺。"国家强调"把产业链延伸环节更多留在乡村，把产业发展的增值收益更多留给农民，拓宽农民增收致富渠道"。要加快构建促进农民持续较快增收的长效政策机制，让广大农民尽快富裕起来，要注重提高种地集约经营、规模经营、社会化服务水平，提升农业生产效益，增加农民经济收入。农村美与农村产业兴旺是相互促进的。美丽乡村建设离不开农村人居环境整治、农村面源污染治理及公共基础设施改善。要走可持续发展之路，把生态效益更好转化为经济效益、社会效益。习近平总书记指出："经济发展不能以破坏生态为代价，生态本身就是经济，保护生态就是发展生产力。"农村基层党组织是农村各个组织及各项工作的领导核心。乡村振兴关键在干部，关键在干。因此，建设一支政治过硬、本领过硬、作风过硬的乡村振兴干部队伍，把基层党组织建设成为有效实现党的领导的坚强战斗堡垒至关重要。资源禀赋决定了我国多数农村地区要注重发挥农民专业合作社和家庭农场等新型农业经营主体的优势；要健全农业社会化服务体系，推动它与现代农业有机衔接和良性互动。

句容是苏南传统农业大县，是镇江国家农业科技园区核心区。截至 2022 年年底，句容种有葡萄 5.24 万亩、草莓 1.33 万亩、茶叶 4.2 万亩、草坪 3.5 万亩，拥有各级农业产业化龙头企业 96 家，其中国家级 1 家、省级 13 家。2023 年 4 月，句容被列为首批 24 个

"全国农业科技现代化先行县"之一，入选国家现代农业产业园创建名单，具备农业产业有基础、农业人才有传承、农业发展有平台三方面特点，围绕"在推进农业现代化上走在前"扎实推进工作。笔者身为句容市委党校的一名教师，近10年来对句容乡村振兴进行了持续调研，撰写了系列调研文章，和振兴中的句容乡村一起成长，现将这些调研报告整理出版，和大家分享。

2023 年 7 月

目 录

001　革命老区句容深入推进乡村振兴的路径思考

015　句容实施乡村振兴战略的建议

026　新形势下乡村振兴的句容实践研究

037　坚持党建引领　推进乡村振兴的句容实践

046　夯实粮食安全根基　推动乡村振兴

058　句容以乡村休闲旅游助力乡村振兴的思考

066　培育新型职业农民　助推乡村振兴战略

074　句容以农产品新时代品牌建设促乡村振兴

081　以高质量发展推动句容乡村振兴

088　美丽田园乡村建设视域下句容乡村旅游振兴研究

096　句容采取五项措施实施乡村建设行动

101　发展乡村旅游　建设美丽乡村

106　深入推进美丽乡村建设的句容探索

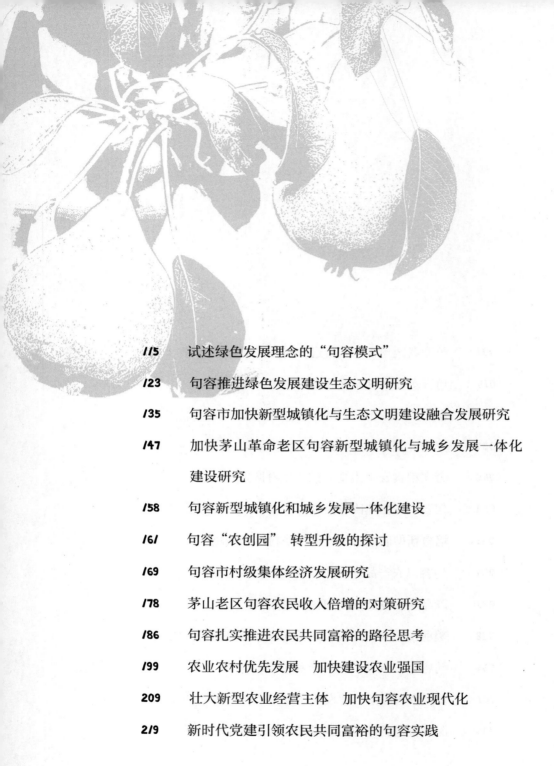

115　　试述绿色发展理念的"句容模式"

123　　句容推进绿色发展建设生态文明研究

135　　句容市加快新型城镇化与生态文明建设融合发展研究

147　　加快茅山革命老区句容新型城镇化与城乡发展一体化

　　　　建设研究

158　　句容新型城镇化和城乡发展一体化建设

161　　句容"农创园"转型升级的探讨

169　　句容市村级集体经济发展研究

178　　茅山老区句容农民收入倍增的对策研究

186　　句容扎实推进农民共同富裕的路径思考

199　　农业农村优先发展　加快建设农业强国

209　　壮大新型农业经营主体　加快句容农业现代化

219　　新时代党建引领农民共同富裕的句容实践

革命老区句容深入推进
乡村振兴的路径思考

　　乡村振兴战略是党的十九大提出的一项重大战略，是关系全面建设社会主义现代化国家的全局性、历史性任务，是新时代"三农"工作的新旗帜和总抓手。革命老区句容农业资源丰富，农业产业兴旺，截至 2018 年，有水稻 37 万亩、应时鲜果 13.2 万亩、蔬菜 15 万亩，是江苏知名的"米袋子、果盘子、菜篮子"。作为农业大县的句容，把乡村振兴作为打造"一福地四名城"、全面推进"1355"战略的总抓手，按照产业兴旺、生态宜居、乡风文明、治理有效、生活富裕的总要求，推进农业全面升级、农村全面进步、农民全面发展，让农业成为有奔头的产业、农民成为令人羡慕的职业、农村成为安居乐业的美丽家园，省委书记娄勤俭称赞句容"乡村振兴初现端倪"。但是，句容在深入推进乡村振兴中还存在一些需要破解的难题。

一、句容深入推进乡村振兴需要破解的难题

（一）乡村发展缺后劲

　　句容农业以种植业为主，但粮食、葡萄、草莓等大宗农产品多年未涨价，甚至跌价。农民老龄化，务农劳动力平均年龄58.6岁。农业生产以小农户为主，劳动生产率低。城乡居民在医疗卫生和最低生活保障等方面差距较大。水质差、快递送不到等问题较为突出。"惜地"思想在农民中仍一定程度存在，不少家庭农场存在租

地难、租地贵等困难，而且农地承包权不能对村外居民开放。资金方面，贷款难、贷款贵的问题依然存在。

（二）乡村人才短缺

句容农村同样存在人口老龄化、村庄空心化、家庭离散化的情况，缺人气、缺人才、缺生机、缺活力等现象在农村较为突出，严重缺乏乡村振兴亟须的经济能人、科技人才、新型职业农民。只出不进的农村户口政策也给人才返乡造成一定的政策阻力。由于村干部待遇偏低，对高素质的人员没有吸引力，因此村干部的带头人作用有限。

（三）特色产业同质化

一说发展乡镇旅游，各地就一窝蜂地上项目。且看一朵"樱"，句容天王镇金山村浮山之麓拥有号称"全球最大"的芝樱花海，而全省有50多个"赏樱"胜地，以花为主题的公园、景观更是不胜枚举。这些赏樱"网红地"似乎各有"主打特色"，但这种主导产品存在明显的同质化现象，缺乏核心竞争力。单一的旅游项目容易造成审美疲劳，并不能构成"赏花经济"。一哄而上必然导致一哄而散，劳民伤财。

（四）乡村电子商务基础薄弱

农村物流具有季节性、多样化、规模小且分散等特点，不具备规模经济条件且信息化水平低。农村地区的大部分居住区街道和田野道路没有有效名称，并且无法在手机地图上显示，因此很难实现精确定位和导航。此外，农民缺乏信息意识，大多数农民尚未完全掌握借力互联网等信息技术销售农产品的技能，针对农民急需的电子商务实用技能的帮扶与培训却未跟上。

（五）乡村基层党组织建设有待加强

农村党员干部年龄偏大，文化程度偏低，思想观念相对保守，组织引领和推动乡村振兴的本领不强、活力不足问题突出；一些党员干部党的宗旨意识淡薄，缺乏担当精神；少数村存在党支部干部

"选人难、无人可选"的现象。过多的行政事务和僵化的"村账镇管"财政体制，导致乡村基层组织行政化趋势明显，自治程度被削弱。乡村治理结构单一，法治服务体系不健全，陈规陋习和不良村风依然存在，村民自治积极性不高。

二、句容实施乡村振兴战略应重点抓好五大关键环节

实施乡村振兴战略任务艰巨、工作千头万绪，句容应重点抓好以下关键环节：

（一）以"加强农村人居环境整治"为重点，建设生态宜居美丽乡村

实施乡村振兴战略所要建设的生态宜居乡村，是充分展现生态系统良性循环的美丽宜居乡村。句容以加强农村人居环境整治为重点，进一步提升农村人居环境质量。

1. 建设农业特色小镇

农业特色小镇以现代农业为基础，公共服务设施完善，对周边乡村有很强的吸纳力和辐射力。句容积极培育主导产业有特色、农耕文化有深度、"双创"环境有氛围的农业特色镇。茅山镇依托康缘中华养生谷，倾力打造中医药旅游、养老、健康管理和养生等特色度假小镇；后白镇坚持以争创省级优质水稻生产基地为契机，全面深化"味稻小镇"建设；草莓小镇——白兔镇、苗木花卉小镇——天王镇、草坪小镇——后白镇、葡萄小镇——茅山镇被原江苏省农业委员会列入江苏省农业特色小镇名录。与南京市江宁区"一衣带水"的郭庄镇，则紧跟江宁区建设新能源汽车产业新城的步伐，依托赤山湖国家湿地公园的优质自然风景，将新能源产业与观光农业、休闲度假有机结合，推出协鑫句容绿色新能源小镇，协鑫集团总部办公楼就建在金色的麦田中，该小镇被江苏省发展和改革委员会推荐申报国家级特色小镇。

2. 改善乡村人居环境

句容全力推动乡村人居环境由整洁向美丽、由干净向宜居提升。一是探索"城管下乡"，把可行性的城市管理经验在农村推行实践，让农村环境靓起来。为推动乡村精细治理，句容正在试点村庄物业管理模式：建立符合农村实际的生活垃圾收运处置体系，分类垃圾桶保证户户有，各村设立垃圾分类分拣中心，每镇建设一处厨余垃圾处理站实现垃圾就近处理。二是有序推进农村污水治理行动。推动城镇污水管网向周边村庄延伸且污水管网户户通，污水全部进入管网，然后进入终端的污水处理设施；在居住分散、污水不易集中收集的村，采用"厕污一体化"污水治理模式。实施房前屋后河塘沟渠清淤疏浚，逐步消除农村黑臭水体。三是大力开展农村"厕所革命"。村户用无害化卫生厕所改造全部到位，农民告别"茅房靠厨房，苍蝇两头忙"的尴尬。四是持续推进乡村绿化，让每个村子都"绿树村边合，花木四时新"。全市 60 个村庄齐心协力创建美丽宜居乡村。

3. 整治农村"空心房"

句容农村地区农房空置率超过 35%。句容市把整治农村"空心房"作为推动乡村振兴的"先手棋"，按照"拆、建、管"并重的思路，以拆促建、以建促管。"拆"，就是针对"闲置房""危旧房""零散房""违建房"等四类"空心房"，分类施策，依法依规、应拆尽拆。"建"，就是对腾退出来的土地，宜耕则耕、宜居则居、宜绿则绿。"管"，就是扎实推进村庄简易规划全覆盖，严控规划点外建房，把村民新建的每一栋房子都管起来、管到位。对超标宅基地和"一户多宅"的情况采取有偿使用办法，将自愿退出的农民纳入土地增值收益分配。在人口流出占比较大的地区，顺应村庄发展规律和演变趋势，根据不同村庄的发展现状、区位条件、资源禀赋等，按照集聚提升、融入城镇、特色保护、搬迁撤并的思路，撤并空心化严重的村庄，将人口相对集中起来，降低基本公共服务供给成本。为防出现"二次空心化"，新建集中居住区选址尽量靠近城镇、园区和交通线。

4. 发挥村规民约的规范作用

村规民约实际上是古代礼治的延续，是治理社会、规范人们行为的一种手段。村规民约由基层组织提出，根据村民集体决定制定而成，是《中华人民共和国村民委员会组织法》的具体落实，它与当地的民间传统习惯相结合，既遵从国家的法律规范，又源于农村社会。植入了乡土伦理的村规民约，与村民们的生活息息相关，易于形成共识，为村民所接受，较好地填补了国家对于农村社会事务和社会关系治理的"真空"，能有效解决法律管不到、政府管不好的问题。句容实现了村规民约全覆盖。但有些村规民约制定得很复杂，老百姓记不住。部分村邀请社会能人，结合本村实际，把村规民约改编成朗朗上口的歌谣，创作村规民约漫画，让人看得懂、记得住。各村利用微信群和公示栏进行宣传，并对履行村规民约不到位的村民进行谈心谈话。

（二）以"推动乡村产业兴旺"为重点，增强乡村发展新动能

习近平同志指出，"产业兴旺，是解决农村一切问题的前提"。只有产业兴旺了，农业农村各项事业发展才有坚实的物质基础。

1. 围绕市场需求发展特色乡村产业

乡村经济发展滞后大多是因为没有寻找到适合本地实际情况又符合市场需求的产业。以句容为圆心，以两小时车程为半径的沪宁杭都市生活着中国相对富裕的2亿多人口。随着都市人生活的快节奏和人口老龄化，休闲、健康方面的消费成为城市人口的新需求，高端休闲与现代健康产业成为句容服务长三角地区的重要途径。目前，句容形成了茅山湖康养度假、宝华山养生养心、赤山湖体育康养相结合的三大康养产业集群。2019年，全市休闲经济与健康经济分别占到全市经济总量的13.6%和8.5%。借助"旅游+"等现代农业发展模式，句容推进农业与旅游、生态、文化、健康等产业深度融合，形成了"好运茅山""葡镇春城""莓好白兔""古韵边城""大美天王""乡约后白"等重点旅游板块。玫瑰浪漫主题公园项目入选 2019 年度国家乡村和旅游能人支持项目。

2. 让森林旅游成为乡村振兴新引擎

句容市拥有三个国有林场、一个国家级森林公园、两个省级森林公园、一个省级自然保护区，境内森林资源十分丰富，森林覆盖率为 29.19%，树木种类繁多，是全国森林旅游示范县。一是"森林旅游+农业"。句容依托全市 20 万亩苗木基地，构建了天王樱花园、后白岩藤农场、白兔伏热花海等十大赏花胜地。唐陵村成立了"天王华安彩叶苗木专业合作社"，建立唐陵木易园，形成了以苗木种植销售为主业的大型苗木产业基地，赢得了"江南花木第一村"和"长在树上的村庄"的美誉。二是"森林旅游+康养"。句容通过大力发展中医药产业，实现乡村旅游与中医药产业链结合。依托康缘中医药养生项目和国家级中医药示范基地平台，推动茅山本土中药材茅苍术争创国家地理产品标志，积极申报和打造茅山中医药健康旅游示范区、茅山湖国家康养旅游度假区。

3. 以品牌促进农业高效发展

乡村并不缺少优质农产品，但因为无品牌或产品的品牌价值较低而缺乏市场竞争力，所以只能获得有限的生产环节收益。句容努力打造一批国家级、省级、市级知名农产品品牌，让品牌提升优质农产品的信誉、信用和市场号召力。过去丁庄葡萄由于缺少统一的品牌和营销策略，只能靠口碑销售。2016 年起，丁庄万亩葡萄合作联社把原来几十个品牌统一为"丁庄葡萄"，采取统一技术标准、商品标准和供货渠道，"丁庄葡萄"于 2017 年获评国家地理标志保护产品，2019 年入选中国农业品牌目录，丁庄村获评"中国特色产业村"和"中国葡萄之乡"，品牌认可度和影响力在长三角都市圈首屈一指，从此丁庄葡萄进入"卖品牌"时代。句容正在建立覆盖全域的农产品质量安全追溯平台，通过统一制定二维码，对农产品投入品、生产、加工全过程实行可追溯管理，做到生产有记录、信息可查询、流向可跟踪、质量可追溯、产品可召回。

4. 服务返乡下乡创业者

句容积极贯彻中央《关于支持返乡下乡人员创业创新促进农村一二三产业融合发展的意见》和《关于进一步支持农民工等人员返乡下乡创业的意见》等文件，以农民工等人员返乡创业试点市建设为契机，不断优化农村创业创新环境，积极鼓励各类人才回归乡村，形成了返乡入乡创业人员回得来、留得住、发展好的良好局面。2018 年句容返乡创业大学生达到 664 人，大学生返乡创业渐成"归潮"之势。茅山镇东霞村 90 后丁方平 2017 年回村，跟父母一起种葡萄，成为一个懂互联网的"葡二代"；西冯村陈文军原先在深圳开电子厂，2006 年回乡种草坪，后来当上经纪人，2018 年一年纯收入 100 多万元；华甸农产品专业合作社的蔬果生产基地里，江苏农林职业技术学院的 90 后毕业生逐渐挑起大梁。2019 年，句容就业创业工作荣获江苏省政府办公厅督查激励表彰。

（三）以"促进乡村文化振兴"为重点，提升乡村振兴精气神

乡村振兴既要塑形，也要塑魂，不仅仅要保证农民经济上的富裕，更要实现农民精神上的富有。

1. 创建乡村特色文化

大力实施"文化立村"行动。句容对全市所有村庄的文化家底进行梳理，充分挖掘历史文化村落、乡村特色民俗、地方名优特产、历史名人传记、历史文物古迹、农业遗迹遗址等地域文化资源，根据自然资源、历史禀赋、产业特色等开展分类培育，开发具有历史传统和地域特色的民间艺术、民俗表演项目。如后白镇对"张家锐舞"非遗项目、南乡"划龙船"等老民俗，以及乐善桥、王庄古街等古建筑进行抢救保护；唐陵村将唐朝王妃墓等人文历史遗迹与舞龙、玩花船、打年糕等丰富多彩的民俗文化融为一体。通过创建农民文化队伍，举办乡村歌舞大赛、进行民间艺术展示、开展传统民俗表演等，打造受欢迎的农村文化活动新品牌，使农民群众的文化生活多姿多彩。将村志编修和修建村史馆作为乡村文化振兴的重要抓手，全面记述村落的历史文化传统和新型城镇化进程、新农村建设取得的成就，进一步留住乡村记忆，为乡村振兴战略提供源源不断的文化动力和重要决策参考。

2. 以"科技+"驱动农业转型升级

全国"无公害大棚草莓"国家级标准化示范区白兔镇，引进真空冷冻干燥技术，让草莓颜值不变原汁原味，镇草莓协会与顺丰速运达成协议，控制物流成本，让莓农们以最优惠的价格将新鲜草莓在48小时内送至全国消费者的手上，客户收到的鲜果基本无损坏，打开快递就能闻到扑鼻而来的清甜果香，做到了"才出田间，就到舌尖"。丁庄万亩葡萄合作联社引进日本标准化种植技术，种出来的葡萄每串都是35粒，每粒葡萄的大小也差不多，不但串型漂亮、口感好，而且售价不菲。"葡二代"张奎峰种植的精品"阳光玫瑰"葡萄，在南京金鹰专柜热销，销售旺季可以"一天收入一辆奥迪车"，成为一时佳话。2018年7月，南京农业大学句容草坪研究院落户后白，该研究院制定了国内第一个草坪标准。句容全市农业科技进步贡献率达72%。

3. 以电商带动乡村振兴

句容正在实施"光网乡村"工程，推进数字乡村建设和信息进村入户。句容在农村推广易于操作的农村物流App，发挥小手机新农机作用；定期开展信息技术应用的讲座和培训，提升农户的农产品市场营销、电商平台运作和物流网络交易信息系统的能力。句容第三届"十佳"新型农民黄安会，通过"快递+淘宝"的模式，把农户生产的优质农产品销往全国。2020年疫情期间，白兔镇政府以线上推介+线下对接的方式，把镇里草莓种植户的微信、淘宝网址、电话号码、草莓品种等信息通过微信公众号向外发布，拓展了客户群体和销售渠道。为降低物流企业布网设点成本，句容在快递业务量小的乡镇设快递联合站点，每个村培养一位快递取递件员，并鼓励快递企业进村设点。同时，利用农村客运班车代运邮件快件，以降低流通成本。2019 年，句容入选"国家电子商务进农村综合示范县"，全市农村电商销售额 6800 多万元。

4. 实施乡村人才优先战略

乡村没有人才，再好的政策也难以实施，再好的资源也难以利用。句容以加强职业教育培养实用技能人才为切入点，支持新型职业农民通过弹性学制参加中高等农业职业教育，凡取得相关技能等级证书的人员均按统一标准实施奖补；通过"院校+基地+农民"的方式培养出数千名新一代农民；鼓励"知农""智农"人才在乡村创新创业，"土专家""田秀才"扎根农村发展。句容与日本农山渔村文化协会（以下简称"日本农文协"）签订中外合作、双向互动的人才培养协议，日本方面定期派出专家到句容现场授课和指导，句容定期选派"葡二代""莓二代"等新农人赴日参与合作项目。句容大力实施"双百双兴"工程，每年培养 100 名优秀乡土人才，扶持 100 个特色项目，组织开展"十佳新型职业农民"评选、乡土人才技能大赛等活动，形成"带出先进典型、带领技术传播、带强产业发展、带动群众致富"的"四带效应"。

（四）以"提升农业社会化服务"为重点，让小农户融入现代农业

句容小农户数量占农业经营主体的98%以上。农业社会化服务能有效解决一家一户办不到、办不好，以及能办但效率较低等问题，使小农户成为乡村振兴的积极参与者和直接受益者。

1. 谋划培育家庭农场的长效机制

中央《关于促进小农户和现代农业发展有机衔接的意见》提出启动"家庭农场培育计划"，让那些有长期、稳定务农意愿的小农户能够稳步扩大经营规模，逐步发展成为管理先进、效益明显的家庭农场。家庭农场是以家庭成员为主要劳动力的农业生产经营单位，是现代农业的主要经营方式，是适度规模经营的典型表现形式，通俗地说就是扩大版的农户。家庭农场从承包农户中孕育并发展壮大，对其他农户的生产经营有带动作用。句容全市家庭农场经营总面积占家庭承包经营总面积的31.1%，占土地流转总面积的49.5%。句容为提高家庭农场运行质量，着力推广家庭农场生产记录和财务记录"两薄"制度。"如花"家庭农场成为2019年江苏省唯一入选全国家庭农场的典型案例。笔者建议拓展家庭农场的来源渠道，家庭农场主可是本地户籍人员，也可是外来户籍人员。

2. 以农民合作社带动小农户融入大市场

农民合作社是小农户抱团闯市场的经济组织，能有效解决小农户生产什么、如何生产、如何销售的问题。句容市天王镇戴庄村党支部，走出了一条以"做给农民看、带着农民干、帮助农民销、实现农民富"为目标，以"党支部+合作社+农户"为主要特色的现代高效农业致富之路。近年来，句容培育出15个国家级示范合作社。同时，句容大力发展农民合作社联合社。2015年，茅山镇党委围绕提高现代化生产技术与提升农民生产经营组织化程度两大核心，成立丁庄万亩葡萄专业合作联社，不仅"联通"全镇原有的7家合作社、37家家庭农场，1927家种植户同打"一把伞"，而且镇农业服务中心及涉农相关部门全部加入。联社成立以来，借助政府部门的力量，通过组织专业化服务团队，2万亩葡萄实现品种育苗、生产资料、技术指导、质量标准、品牌销售"五统一"，"丁庄葡萄"有了市场定价权，实现了小农户与大市场的无缝对接。2018年，全市出现19个农民合作社联社。

3. 发挥农业龙头企业的引领地位

土地经营权入股发展农业产业化经营，是促进农业适度规模经营、实现小农户和现代农业发展有机衔接的重要途径。农户的土地经营权可以依法直接对公司出资，也可以先出资设立农民专业合作社，再由农民专业合作社以土地经营权出资设立（入股）公司。句容引导龙头企业吸收农民（合作社）参股，让农民成为企业股东，使企业、合作社与农户形成"资金共筹、利益均沾、积累共有、风险共担"的经济利益共同体；通过建立"公司+合作社+基地+农户"模式，将农户与龙头企业利益联结在产业链上，既解决农户与市场脱节问题，又解决龙头企业原料供应成本问题，如东方紫酒把加工车间建在种植基地上。句容加快推广"订单收购+分红""农民入股+保底收益+按股分红""土地流转+优先雇用+社会保障"等多种利益联结方式，让农户分享加工、销售等环节收益。

4. 大力发展农业生产性服务业

长期以来，人们基本的共识是，没有土地规模经营就不能实现农业机械化，进而不能实现农业现代化。事实上，小型、微型农机的出现打破了丘陵地区、偏远山区的自然条件对农机使用的限制。虽然单个小农户没有装备农业机械，但通过农业机械的社会化服务可实现统一施肥、统一收割，通过卫星导航和互联网服务可进行信息化的田间管理，这颠覆了传统意义上的规模经营概念。以专业化、市场化的生产服务替代一家一户的个体劳动，能够大幅提高劳动生产率，解放农村劳动力，有效解决"谁来种地""如何种地"的问题。句容把农业生产性服务业作为农业发展新的增长极来打造。位于郭庄镇的句容胜强家庭农场为农服务综合体，为2万多亩农田提供从种到收的全链条般的社会化服务。

5. 拓宽农民创业的融资渠道

句容农商行信贷资金向家庭农场、农民合作社、农业龙头企业等新型经营主体倾斜：与江苏省农业信贷融资担保有限公司（简称江苏省农担公司）合作担保贷款，与句容市委组织部合作"党员创业致富贷款"，与句容团市委合作"启航贷"，与句容人社局合作"科贷通"，与句容农业合作社合作"惠农贷"，形成"农商行+"系列特色产品，对天王唐陵村整村授信。另外，还有农行的"金农贷"、邮储银行的"助农贷"、江苏银行的"镇农贷"等。句容市财政局设立农担业务风险补偿专项资金 1000 万元，委托江苏省农担公司统一管理，镇江市财政局再给予句容风险补偿专项资金总额的 10 倍授信额度。只要农户无不良信用记录，经村两委和乡政府推荐，就能通过无抵押、无担保的低门槛申请贷款，10 万以内最快可实现当天放款，年贷款利率最低 5.2%，可分 3 年还清。丁庄万亩葡萄专业合作联社以 300 万元作为农户担保金，截至 2019 年，已办理贷款的种植户 177 户，贷款总额 1564 万元。

（五）以"提升村党组织组织力"为重点，为乡村振兴提供根本保障

实施乡村振兴关键在党。《中国共产党农村工作条例》明确要求，加强农村党的建设，要以提升组织力为重点。句容市以"不忘初心、牢记使命"主题教育为契机，把政治建设摆在首位，突出党对农村一切工作的领导。

1. 选优配强村党组织书记

依据《中国共产党农村工作条例》"农村基层党组织书记是乡村振兴工作第一责任人"的要求，句容持续实施村书记专职化管理和"头雁领航"工程，采取从优秀村干部中"挑"、从致富带头人中"选"、从外出务工人员中引、从机关干部中"派"、从机关事业单位退二线或退休人员中聘等形式，把真正想干事、能干事、干成事的优秀党员选拔到村党组织带头人岗位上来，使其成为群众的"主心骨"和"贴心人"，带领群众齐心协力、共同奋斗。唐陵村党委书记刘树安，带领党员干部发展苗木产业，成立合作社，建设苗木交易市场，曾经的贫困村，通过连续 13 年的努力，实现村集体资产突破 1 亿元。位于 AAAAA 级风景名胜区茅山西麓的西冯村党总支书记李治顺，放弃自家经营良好的企业，带领村民发展草坪产业，全村 5000 多亩地全种草坪，实现了"党建引领强村、合作帮带富民"的目标。2018 年西冯村草坪销售收入达 1.9 亿元，村民人均纯收入 39600 元。

2. 将支部建在产业链上

句容按照有利于加强党的领导、有利于密切联系群众的原则，在产业链上建立"领学帮带、领干帮扶、领路帮富"的"三领三帮"党建富民机制。白兔镇在草莓田间建立草莓种植示范党支部，由全国劳模纪荣喜任党支部书记，帮助莓农解难题，牵头各类培训，发布各类生产和销售信息。通过"田间教学、劳模示范"的方式，助推草莓产业由过去单纯的增产向提质转变，纪荣喜带领莓农们通过"互联网""物联网"，让白兔草莓走向全国。茅山镇成立丁庄万亩葡萄专业合作联社党委，镇党委书记兼任合作联社党委书记，联社四大部门建立功能性党支部。联社党员及镇级职能部门30多名党员成立"春城无处不飞花"党员义工服务联盟，按专业特长组建5支党员志愿服务分队。党员示范户公开承诺，比技术——看谁种植效益高，比规模——看谁带动能力强，比贡献——看谁帮带人员多。62岁的新党员戴介文，为500多家种植户提供种子、农资、技术等五统一服务。丁庄村发挥党建推动产业发展的核心引领作用、带动群众增收致富的经验做法值得推广。

3. 团结引导群众

《中国共产党农村工作条例》指出："坚持引导农民听党话、感党恩、跟党走，把农民群众紧紧团结在党的周围，筑牢党在农村的执政基础。"农村基层党组织处在农村社会生活第一线，是宣传党的主张、贯彻党的决定、领导基层治理、团结动员群众、推动改革发展的坚强战斗堡垒。通过服务，可以更好地贴近群众、团结群众、引导群众。句容通过建立"便民服务平台+微信公众号+微信群"的服务群众手机平台，让联系群众服务群众的触角延伸到群众身边，把党关于乡村振兴的正确主张变成农民群众的自觉行动，组织引领群众听党话、跟党走，确保党的意志、党的声音、党的要求及时到达基层一线，转化为党员、群众的行动和力量。

4. 完善现代乡村治理体系

中央《关于加强和改进乡村治理的指导意见》明确指出，要建立以基层党组织为领导、村民自治组织和村务监督组织为基础、集体经济组织和农民合作组织为纽带、其他经济社会组织为补充的村级组织体系。乡村治理有效的关键在于村民自治。自治意味着乡村治理最终要实现《中华人民共和国村民委员会组织法》提出的村民自我管理、自我教育、自我服务这一目标。村民自治是中国特色社会主义民主政治在乡村治理领域的实现形式。句容总结新冠疫情防控工作中的有效做法，完善各村由网格员和乡亲议事会等常态化议事活动配合村委会开展村民自治和农村公共服务、采取"听群众说、向群众讲、带群众干、让群众享"工作法引导群众广泛参与的多层次基层协商格局。针对农民集中居住后小区内的矛盾纠纷大多涉及数个村的新课题，句容市探索设立中心村党委，成立联合便民服务中心，实行联村代办制度。在全市开展的"治陋习、树新风"专项工作中，要求党员干部带头公开承诺、带头申报登记，真正以"关键少数"引领绝大多数，以党风带政风促民风。

随着乡村振兴的深入推进，句容农业农村必将再创新辉煌。

句容实施乡村振兴战略的建议

党的十九大报告中指出，"农业农村农民问题是关系国计民生的根本性问题，必须始终把解决好'三农'问题作为全党工作的重中之重"，并首次提出要实施"乡村振兴战略"。中国社会本质上是一个乡土社会，在城镇化的过程中，农村面临诸多问题，如传统农业衰弱、农村空心化等。在此背景下，中央出台"乡村振兴战略"，提出"产业兴旺、生态宜居、乡风文明、治理有效、生活富裕"20 字总要求。

一、句容乡村发展方面存在的问题

1. 产业发展方面存在的问题

（1）农村从业人员方面存在的问题

年龄方面，句容农村从业人员的年龄主要集中在中年和老年段，36 岁以上人员占比超过 90%，其中 55 岁及以上从业人员占比超过 51%。可以看出，当前句容农村缺乏年轻的新鲜血液进驻，生产主力集中在中老年身上。随着这些从业人员的老去，其产出也将逐渐萎缩。

学历方面，不难发现当前句容农村从业人员学历层次较低，高学历从业人员占比过少，大量农民甚至都没有完全接受九年义务教育。这种学历构成，将导致农民难以与时俱进、快速掌握先进生产技术，不利于农业生产向现代化、规模化快速转变。

此外，当前句容市农业生产方面缺乏足够的专业人才，农民缺乏专业的培训；农业服务中心的人员配给不够，"青黄不接"的现象严重。很大一部分大学生不愿意从事与农业生产相关的工作，导致农业机械化水平进步缓慢。

（2）各类产业发展方面存在的问题

农业产出方面，句容市农业产出主要由粮食生产、蔬菜瓜果种植，以及油料生产构成，其产出受限于气候及粮食价格的影响，抗天灾能力和抗市场价格波动能力不强。此外，句容市的土地二轮承包改革催生了较多种田大户，也吸引了外地的流转大户，但往往在收取流转费后，因为前期投入大、粮食价格浮动不定，外地大户纷纷弃田出"逃"。

旅游业方面，句容市部分农村旅游项目的开发尚处于萌芽阶段，仍需要时间和大量资金投入。然而，由于村集体财政收入较差，上级政府补款不足，导致基础设施配套尚不完善，因而在短期内，农村旅游业快速崛起的可能性较小。

2. 乡风文明方面存在的问题

一是部分农村缺乏凝聚力。对于村集体事务，如果不涉及自身利益时，村民便难以从大局出发主动舍弃部分自身利益。

二是部分地区尚存在陋习。聚众赌博、红白喜事大操大办等现象依然存在。

3. 乡村治理方面存在的问题

一是各村村干部数量过少，难以全面管理村内各项事务。据调查，行政村村干部数量基本为 5～10 名，但需管理的村民大都是数千人。农村邻里之间的琐事较多，导致有限的村干部难以解决村民间的所有矛盾。

二是大学生"村官"外流现象较为严重。部分地区的大学生"村官"不在村内常驻，难以真正深入田间与村民交流，导致尽管挂着大学生"村官"头衔，实际上并不能有效参与村集体事务的处理，基层锻炼成效较弱，在任职期满后，他们大多选择离开农村。

三是村干部缺乏新鲜血液注入。年轻的大学生"村官"流失严重，同时原有村干部年龄不断增长，导致村领导班子难以用更加科学、更加现代化的管理方法治理农村。部分村干部由于年龄较大，不能熟练使用计算机及手机软件，导致不能及时向上级组织汇报村内事务处理情况。

4. 农民生活条件方面存在的问题

一是教育医疗水平较为落后。尽管句容所有乡镇均设有医疗卫生机构，以及幼儿园、托儿所，但调查发现，全市乡镇地区的教育医疗水平与城市相比均处于弱势地位，且二者差距可能仍将逐渐拉大，原因在于优秀的教师及医护人员更加倾向于进入城市地区。

二是民生项目投入不断增长，村集体难以填补资金差额。部分农村在民生项目上的刚性支出呈递增趋势，如造农桥、修公路、架路灯等，其资金来源主要是上级政府拨款和村集体自筹。其中，前者支出基本固定，因此差额部分需要村集体填补。部分比较落后的地区缺乏填补差额的能力，只能通过借贷来实现，或者仅限于对现有设施进行略微修补。

三是社会保障压力不断增大。大多数青壮年都选择外出务工，导致农村地区老龄化较为严重。因此，对敬老院及其他各种养老机构的需求不断增加，给财政支出带来了巨大的压力。

二、句容市乡村振兴对策

根据句容市农村现状，拟提出利于句容市乡村振兴的以下政策建议。

1. "产业兴旺、生态宜居、乡风文明、治理有效、生活富裕"协同共进，实现全面发展

乡村产业发展、生态环境建设、社会发展等方面的协同推进，体现的是生产、生活、生态及社会等方面的全面发展。

（1）以"产业兴旺"为主导，大力发展生态循环农业，推动乡村振兴

首先，加快农业供给侧结构性改革，构建现代农业三大体系。一是构建完备的产业体系，在加大传统粮食产业支持力度的同时，着力发展茶叶、葡萄、草莓等具有句容特色的农产品。二是构建完备的生产体系。一方面，在确保耕地保有量的基础上，建设高标准农田；另一方面，整合土地资源，推进机械化生产。此外，政府牵线搭桥，引进科研院所、高等院校技术力量，强化技术支撑，确保农产品生产质量。三是构建完备的经营体系。通过与各地供销合作总社合作或"互联网+"等方式，线上+线下推广句容特色农产品，对于特色鲜明、市场认可度高的产品，也可自行构建直销体系，开设农业直营店。

其次，试点社区支持农业模式。社区支持农业模式是一种较为新颖的农业发展模式，涉及城乡消费者协同参与：城市社区消费者为了得到安全、新鲜的农产品，提前预付给从事农产品生产的农民一定的生产费用，农民则以无公害的生产方式定期定向供给安全的农产品。这种模式体现了"风险共担、收益共享"的发展理念，一方面降低了农民生产的风险性，另一方面保证了农产品的质量。句容市可以联合高校及科研机构建立相关产学研基地，在市内试点该模式。具体开展模式可以考虑如下方式：一是采取社员制，包括劳动型社员及消费型社员。劳动型社员预付一整年菜地租金和农资费用（由社区专业配给农资），如果没有时间打理菜地，则可委托社区农场打理；消费型社员则预付一年或一季的蔬菜消费费用，由社区农村专门生产和配送。二是建立产学研基地，由句容市政府联合高校及科研机构提供专业的生产技术及方案。这种发展模式可无限拉近消费者与生产者的距离，促使二者良性互动，同时也能够吸引社会关注及外来资本的投入。也可开展亲子社区等与农业相关的活动，以此来进一步推动农业发展。

最后，以农业为基础，推动三大产业协同发展。尽管句容市乡村地区总体上以农业为主，但工业和服务业发展速度也很迅猛。仔细分析，可以发现，句容市乡村地区二三产业的发展几乎均与农业关联：工业以农产品加工业为主；服务业以围绕农村的乡村生态旅游及农林牧渔服务业为主。因此，句容市当务之急是优先发展农业，以农业为基础，推动与其紧密相关的二三产业发展，最终实现三产协同并进。

（2）以绿色为导向，不断加大生态环境治理力度，建设"生态宜居"美丽乡村

首先，对农村现有生态进行修复、保护。在城镇化过程中，句容市农村资源外流严重，农业资源在一定程度上被过度开发，原有生态系统被破坏。因此，需要对农村生态进行修复和保护。一方面，开展河塘清淤整治，连通河湖水系；另一方面，稳固河堤，防止水土流失。此外，要分类有序退出超过农村土地、环境承载力的超额产能，尤其是污染严重的产能。

其次，综合治理农村环境问题。推广有机肥料，进一步减少化肥使用量；紧抓养殖业粪污处理问题，防止污染土地及水系；综合利用农作物秸秆，减少大气污染，严厉打击露天焚烧秸秆现象，对顶风作案者依法处理；回收废弃农膜，防止破坏耕地；加大卫生厕所改造力度，发展公共厕所，保障水冲式厕所100%覆盖。此外，还需加大对水环境的保护力度，严禁工业和城镇污染向农村转移。

最后，积极发展生态产品。一方面，可以推动乡村因地制宜，结合当地实际情况确定相关生态治理方案与农业发展方式，提供更多绿色生态产品，实现生态与经济的循环圈；另一方面，对于部分没有显著特色的乡村，要敢于"异想天开""没有卖点，创造卖点"，围绕生态理念，构建相应的产品体系，如特色旅游、农业生态体验园、社区支持模式农业园等融合农业及服务业的新型产品。

（3）强化"乡风文明"建设，保障乡村振兴有序进行

首先，坚持思想引领，引导农民自觉转变观念。一是引导树立正确价值观，将社会主义核心价值观与农民的日常生活结合起来，实现"润物细无声"。二是引导树立新的发展观，使农民能够正确认识农村经济发展与乡风文明建设的关系。三是引导树立文明生活观。一方面，大力倡导文明生态理念，开展"五星级农户""洁美农家""道德红黑榜"等活动；另一方面，充分发挥党员干部的先锋模范作用，带头遏制大操大办、厚葬薄养、人情攀比、封建迷信等陋习，使文明生活观逐渐变成习惯。

其次，坚持实践养成，真正落地落实、落小落细。一是活动养成。由村组织结合本村实际，通过优良家风宣传、展览、演出、戏曲、电影、法治宣传等方式进行公共文化服务，在潜移默化中，使好的理念、作风及习惯深入人心；同时聘请专业人员进驻各村开展科技活动周活动，展示与农业相关的科学知识及先进科技产品，引导激励农民利用先进科学技术发展农业。二是制度约束。一方面，宣传国家相关法律法规，禁止违法犯罪等行为；另一方面，结合本村实际，制定通俗易懂、群众认可且易于执行的村规。三是文化养成。建设乡风文明离不开乡村文化建设，政府要从资金、人才、设施等方面建立长效机制扶持乡村文化事业的振兴，使先进文化能够在乡村落地、生根、发芽、开花与结果，真真切切地长期惠及农民。一方面，继续开展送文化下乡、送图书下乡、送电影下乡等短期文艺活动；另一方面，鼓励、组织文化创作者，如作家、艺人等，深入农村调查研究，通过对乡村生活的用心体验，创作出受当地村民喜爱的、积极向上的文化作品，产生长期、持续的正能量效应。

最后，坚持统筹推进，实现各行动主体的协同。一是制定指标，确认责任人。由各级政府构建考核指标体系，建立责任追踪机制，倒逼工作动力的形成，防止懒政怠政。二是走到群众中去，了

解文化需求。乡风文明建设主体在于村民，因此，需要深入农村，了解当地乡风文明发展现状及村民的迫切需求，有针对忄地开展相关服务。三是发动社会组织下基层开展相关宣传，如大学生下乡公益服务等。

（4）探索和创新乡村治理体系，完善乡村治理组织载体，实现乡村"治理有效"

首先，推进乡村"六治"协同，多维度进行乡村治理。一是法治与德治协同。在富裕村庄，村民的眼界已经较为开阔，思想已经较为先进与开放，可以充分挖掘德治内涵，强化村民自我治理意识，以奖为主，以罚为辅，让法治观念渗透到村民日常生活中，使其成为守法者和监督者。在发展相对落后的村庄，经济利益是其首要目标，需要强化法治，利用法律法规规范村民日常行为，同时逐渐依靠德治推动移风易俗，潜移默化地提高思想僵化落后村民的觉悟。二是自治与共治协同。注重自治与共治的协调并进：治理主体上，坚持党对治理工作的领导权，充分发挥民主协商作用，使村民成为乡村治理的设计者、执行者和监督者；治理方式上，改变各方主体各自为政局面，一方面促进"人人、户户、村村、镇镇"之间的协作，另一方面促进村民与政府之间的协作。三是精治与善治协同。要实现二者协同，就要在治理规范上追求精治，针对治理对象提供详细的规范制度及指导准则，如出台垃圾分类制度、环境责任区制度等；还要在治理过程中追求善治，以公平、公正、平等、自由、民主为原则构建乡村治理参与网络及反馈机制，而不是谁嗓门大、气势足，谁就能主导乡村治理。

其次，配强基层干部队伍，提高干部治理能力。一是选配能力强、肯干事、熟悉"三农"工作的党员干部常驻农村，在助力乡村治理的同时，打通"村—市"的信息流通环节，让基层治理现状能够及时传达到上级政府。二是加强现有基层干部队伍建设，可通过定期开展干部培训活动和酌情考虑加大人员配比两个途径来实现。

三是让大学生"村官"真正进入、融入农村，防止"在其位而不谋其政"现象发生。四是针对当地农村出来的受过高等教育且有志向投身到家乡发展的大学生，由市政府与市内高校协同，与学生签订协议，对其乡村治理能力进行专业培养。这种培养方式可以在一定程度上减少大学生"村官"无法融入当地农村的问题。五是制定权力清单制度，规范乡村干部行使权力的准则。权力清单应全面涉及农村主要事项，如村级重大事项决策、项目招投标、资产资源管理、村民宅基地审批、土地征用等公共权力事项及便民服务事项。同时，根据权力清单，规定责任主体、权力运作流程等内容，简化村级事务办事流程。

最后，弘扬乡贤文化，充分发挥乡贤的道德示范、方向引领、资源整合作用。乡贤在乡村中拥有较高声望，在乡村治理中拥有得天独厚的优势。鼓励"官乡贤""富乡贤""德乡贤""文乡贤"协同参与家乡建设。"官乡贤"在一定程度上可以为乡村带来政策支持；"富乡贤"可以带来资金、项目及技术人才；"德乡贤"借助自身在乡村中的威望，推动乡风文明建设；"文乡贤"通过艺术创作宣传家乡。

（5）以"生活富裕"为落脚点，拓宽农民增收渠道，提高农村民生保障水平

首先，从"工资、经营、财产、转移"4个维度，稳步提升农民收入。在继续扩大工资性和经营性收入的同时，大力提升农民财产性和转移性收入：一是依托"产业兴旺"，增加农民工资性和经营性收入。农民的工资性收入主要依靠进入企业等经营主体工作，获得报酬；经营性收入则主要来源于经营农业、自主创业等，这些收入来源均与"产业"紧密相连。因此，要大力推进"产业兴旺"，实现其与"生活富裕"的协同发展。二是完善制度供给，增加农民财产性和转移性收入。当前，句容市农民财产性和转移性收入增长潜力较大。因此，一方面，可以通过继续深化"承包地、宅

基地、集体资产改革"，以增加农民财产性收入，其改革核心在于农村产权制度改革，包括农村集体产权改革、金融改革及土地制度改革等；另一方面，在加大农业补贴的同时，调整补贴方向和结构，逐渐向现代农业、生态农业等方面倾斜，以此提高农业补贴效能。

其次，培育新型职业农民，助力农村经济发展。当前可供选择的培养对象主要是 3 类人：一是大中专毕业生。这类人有文化、有知识、有想法，能接受新事物，对市场的敏感度及创业意识较强。二是现有扎根农村的创业者，创业行为要求这类人必须具备足够的知识储备，以及市场开发能力和经营能力。三是返乡创业者。这类人在城市务工时大多接受过一定的职业和技能教育，渴望在农村干出一番属于自己的事业。培育方式上，一要制定新型职业农民培育与认定管理办法，将知识储备足、学历高、创业意识强的新生代农民吸引到新型职业农民队伍中来。二要根据"三大能力"，联合大专院校、农民田间学校及现代农业园实训基地等机构，针对性地开展培训课程。三要做好政策支持。一方面，对优秀职业农民进行奖励，并提供免费培训服务，也可考虑选派部分优秀职业农民参与市政府主导的现代农业项目，彰显示范效应；另一方面，加大金融支持力度，对现代农业、生态农业等项目，可以考虑提供由政府担保的低息贷款。

最后，提高民生保障水平，保证农民生活质量。一是提高农村医疗卫生服务质量。当前，句容市尚未实现村村有卫生室，因此需要进一步加大农村医疗投入，一方面，改善现有村卫生室条件；另一方面，在尚缺卫生室的乡村派驻医疗人员并配备相关设备和药品。二是加强农村基础设施建设，将重点放在乡间道路、桥梁、路灯、环保等方面。三是以贫困家庭子女为重点对象加大教育投入。针对尚有子女在上学的贫困家庭，设立专项教育扶贫资金，减轻贫困家庭在教育上的经济负担。

2. 加强"人"与"人"之间的协同合作，助力乡村振兴

乡村振兴的各个环节都是由"人"来推动的。当前，乡村的"人"可以归纳为以下4类：政府、农民、企业、社会力量。推进乡村振兴，需要这4类"人"协同努力，构建以政府为主导，以农民作为主要力量，以企业为载体，同时，充分利用社会力量的"四位一体"结构，实现乡村振兴。

（1）积极发挥政府在乡村振兴战略中的主导作用，引导其他主体参与乡村建设

句容市政府在乡村振兴战略中的主导地位体现在：一是坚决执行中央乡村振兴战略的指导原则，在此基础上，根据地方实际，制定相应的、利于落地的改革方案和计划；二是政策引导，如给予税收减免、专项补贴等政策，吸引各方投资；三是示范引导，如在乡村地区建立产业示范园等，当然，这需要协调建设用地问题；四是投入引导，加大对农村和农业的投入，保证农民收益。

基层政府的主导地位体现在：在坚持贯彻市政府方针政策的基础上，结合本乡本村的实际情况，充分考虑基层群众的诉求，推动各项政策落地，使其能够切实惠及乡村建设。强化基层政府的主导作用，可从4个方面着手：一是坚持重大事项、重要问题由党组织决定，发挥党的先锋模范作用；二是通过引导村民参与村务讨论，确保村民对村务的知情权、参与权和监督权，公开研究多数村民关注的热点难点问题来增强村民的凝聚力；三是深入田间、家庭，从思想、精神、文化和心理4个维度想办法，积极解决涉及村民切实利益的问题；四是引导当地创业致富带头人为群众办实事办好事，减轻村财政压力。

（2）以农民作为乡村振兴的主要力量，激励其参与乡村建设

一是定期召开村民大会，主动引导村民参与议事；二是开展"好媳妇、好婆婆、好妯娌"等评选活动，对于先进个人与家庭予以一定的精神和物质奖励，以此推动乡风健康发展；三是以法治为

基础，兼顾德治，全方位制定村规章制度，明确禁止和鼓励事项，由全体村民集体监督。

此外，农民的素质需要得到进一步提升。当前，农民群体以低学历农民为主。因此，一方面，需要强化农民的再教育，使其掌握更为先进、更加适合当地主导产业发展的技能和知识。这可从 3 个方面着手：一是针对乡村地区的义务教育，加入农业生产基础知识教育；二是与农业院校合作，定期输送优秀人才到高校系统学习农业知识；三是定期组织农业技能培训。另一方面，引智回乡，吸引专业人才参与乡村产业发展。当然，若要做到这点，则需要乡村有足够吸引人才的生活环境和发展环境。

（3）以企业为载体，推动乡村产业，特别是农业的发展

以专业化、规模化的生产来推动乡村产业，特别是农业的发展。一方面，企业与当地农民在相当程度上可以形成利益共同体，共同推进乡村产业兴旺发展。农民为企业提供稳定的原材料，企业为农产品提供稳定的销路。另一方面，可以通过协同规划，对产业上下游衔接布局，形成企业间和产业间的协同，依靠集聚效应进一步降低成本，扩充产业链，推动当地产业发展。

（4）有效利用社会力量，为乡村振兴提供新助力

社会力量不仅局限于乡村地区，它还可能来自城市地区，其主体主要包括企事业单位、社会团体、民间组织及志愿者等。一般情况下，社会力量以高校、科研机构及乡贤为主。高校和科研机构主要提供人才和技术支持，较为契合当前乡村产业发展需求。乡贤的作用面则较广，主要参与乡村公共事务，对乡风建设、乡村治理能够起重要作用。因此，市政府可以积极引导社会力量参与乡村建设，如构建高校、科研机构与农村的沟通平台；出台相应的奖励机制，激励在校大学生到乡村就业或进行志愿服务；为帮扶志愿者提供良好的对接平台；等等。

新形势下乡村振兴的句容实践研究

"十三五"时期，我国脱贫攻坚成果举世瞩目，5575万农村贫困人口实现脱贫。这一伟大成就的取得既为实现乡村振兴打下了坚实基础，也为第二个百年奋斗目标的开启创造了良好条件。然而，在看到成绩的同时，党中央和各级政府也清醒地认识到：脱贫摘帽不是终点。当前，我国所取得的脱贫成果还是低水平、低质量的，脱贫人口的增收还不够稳定、不够持续，贫困地区在基础设施和公共服务方面还存在许多短板。因此，在实现全面脱贫之后，还需要一个过渡期来巩固拓展脱贫攻坚成果，并在此基础上实现脱贫攻坚同乡村振兴的有效链接。如果说乡村振兴是实现第二个百年奋斗目标的前提和基础，那么实现脱贫攻坚与乡村振兴的有效衔接则是连接"两个一百年奋斗目标"的桥梁和纽带。巩固拓展脱贫攻坚成果同乡村振兴的有效衔接直接关系到乡村振兴战略的顺利实施，关系到第二个百年奋斗目标和共同富裕目标的成色，在我国当前全面实施乡村振兴战略向第二个百年奋斗目标迈进的历史关口意义重大。

句容市传统农业资源禀赋较好，农业发展基础比较扎实，是江苏省农业大县（市）之一，但农村产业发展整体水平相对滞后，缺乏亮点特色，主要表现在：一产大而不强、二产多而不优、三产活而不旺、一二三产融而不深。因此，句容要实现乡村振兴，首先就要培根固本，突出产业兴旺引领。重点是发展高质量农业，提高农业竞争力；挖掘农业多功能性，拓宽农业增长渠道；延长农业产业链条，实现"接二连三"。除此之外，还需要市委、市政府加强顶层设计，深化农村改革，健全人、地、钱政策保障体系，为推动农业农村农民优先发展保驾护航。2021 年至 2026 年是巩固拓展脱贫攻坚成果和推动乡村振兴的特殊时期，这一阶段研究两者有效衔接问题，对巩固脱贫成果、振兴乡村实现农业农村现代化具有重要意义。本文通过笔者对句容市若干个村庄的调研，与当地各级干部座谈，走访农户和扶贫企业，对巩固脱贫成果与乡村振兴有效衔接问题做些分析和思考，梳理出两者有效衔接的现状和特点，分析存在的问题，并提出相关建议。

一、推动巩固拓展脱贫攻坚成果同乡村振兴有机衔接的内在要求

脱贫攻坚是全面建成小康社会的内在要求，其目标是通过精准扶贫，使农村摆脱贫困落后面貌。乡村振兴的目标则是实现农业农村现代化，使农业强、农村美、农民富。在脱贫攻坚结束后，贫困地区虽然落后面貌有所改变，自我发现能力有所增强，但其经济发展的基础仍较为薄弱，公共服务和基础设施条件依然存在短板，部分贫困家庭和个人的返贫风险依然很高，实现乡村振兴的基础还不牢固。脱贫攻坚与乡村振兴在衔接方面仍面临着覆盖主体扩展难、聚焦空间延伸难、完成目标跨越难、任务时限贯通难、政策力度持续难等诸多难题。根据国家的战略部署，"十四五"时期是巩固拓展脱贫攻坚成果、实现与乡村振兴有效衔接的过渡期。

在这一过渡期内，首先需要对前期脱贫攻坚阶段取得的成果进行巩固，以提升脱贫质量，然后在此基础上，将脱贫攻坚阶段形成的经验、做法和机制等进行拓展应用，让脱贫攻坚阶段形成的扶贫资产、基础设施和产业项目等持续发挥减贫增收作用，并最终实现同乡村振兴的无缝衔接。"十四五"时期巩固拓展脱贫攻坚成果同乡村振兴有效衔接的内在要求体现在以下 3 个方面。

（一）脱贫攻坚时期帮扶模式与乡村振兴的关系

万丈高楼平地起，巩固拓展脱贫攻坚成果是实现乡村振兴的第一步。巩固拓展脱贫攻坚成果是将贫困产生的基因和条件进行逐步消除，使接近贫困水平的人口能够走上良性发展的道路，彻底摆脱贫困。乡村振兴是农村发展环境转变的重要标志，是产业振兴的表现，是人才振兴的基础，是其他一切振兴的前提。巩固拓展脱贫攻坚成果是基础性的，是乡村振兴的一部分，延续脱贫攻坚时期帮扶模式进行的工作，也是实现全面乡村振兴工作的一部分，而且是前期工作的重要部分。

（二）脱贫攻坚时期帮扶模式与乡村振兴的目标存在差异

习近平总书记对实施乡村振兴战略的重要指示指出，要坚持乡村全面振兴，抓重点、补短板、强弱项，实现乡村产业振兴、人才振兴、文化振兴、生态振兴、组织振兴，推动农业全面升级、农村全面进步、农民全面发展，其目标指向农业农村现代化的实现和农业强、农村美、农民富的全面实现。巩固拓展脱贫攻坚成果是夯实"两不愁三保障"等脱贫目标的帮扶延续性工作，其目标是脱离现行标准下的贫困，防止返贫。乡村振兴要求的农业农村全面现代化是需要一段时间的奋斗才能实现的，乡村振兴的目标也不仅仅是吃、穿、住或教育、医疗等有形目标的高水准延续，其目标是多元的，生态、组织、文明等无形目标的高水准也囊括其中，而脱贫攻坚时期的帮扶模式存在局限性，无法统筹兼顾乡村全面振兴目标。

（三）脱贫攻坚时期帮扶对象与乡村振兴影响对象的范围及重点存在差异

总的来说，完成脱贫攻坚目标任务是实现乡村振兴的前提和基础，乡村振兴是指引脱贫攻坚后农业农村发展及巩固脱贫攻坚成果的战略目标，是脱贫攻坚完成后下个阶段的工作重心，从这个角度来看，二者互为联系、互相衔接且目标相通，统一于实现全体人民共同富裕、实现中华民族伟大复兴的中国梦的本质要求。但是，从影响的对象及范围来看，乡村振兴的对象由脱贫攻坚的农村贫困人口扩大到全部农村人口，范围也由脱贫攻坚的农村贫困地区扩大到全部农村地区，涵盖对象更多，覆盖范围更广；从战略重点来看，乡村振兴的重点从脱贫攻坚主要解决"三农"中农民的贫困问题转移到解决城乡融合中发展不平衡的问题，由生存需求上升到发展需求。

二、句容市巩固拓展脱贫攻坚成果同乡村振兴有效衔接面临的痛点与难点

句容市地处长江三角洲、上海经济圈走廊，位于江苏西南部宁镇山脉与太湖流域、秦淮河流域片区，全市总面积约 1385 平方千米，常住人口约 63 万，下辖 8 个乡镇、3 个街道，1 个国家风景名胜区，共 178 个村（社区）。句容市是著名的"鱼兴之乡"，早在 1990 年就被列为全国商品粮生产基地。其中，天王镇和郭庄镇是句容市最具代表性的两个重点农业大镇，一个是在句容市现代农业产业园最多的，另一个是在句容市粮食种植面积最大的。通过深入调研走访上述两镇发现，近年来，尽管句容市农业发展取得了一些成绩，但是发展中面临的困难和瓶颈依然很多，集中表现为痛点和难点两大方面。

（一）痛点表现

1. 一产大而不强

据句容市农业农村局数据，全市共有粮食种植面积 87.16 万亩，蔬菜种植面积 13.63 万亩，茶园面积 1.43 万亩，果园面积 1.21 万亩，花卉苗木面积 2.7 万亩，水产养殖面积 11.13 万亩。句容市 2020 年农业粮食总产量 42.67 万吨；2021 年农业粮食总产量 43.11 万吨。因此，句容作为苏南的全国产粮大县（市），曾多次获得"全国粮食生产先进县"荣誉称号。毫无疑问，从数量上看句容是当之无愧的农业大市，然而，从质量上看还不是农业强市。具

体表现为：一是农业经济效益尚待进一步提升。近年来粮食生产能力相对稳定，但生产资料（比如种子、农药、化肥）和劳动力成本不断提高，因此，农业经济效益不但没有提升反而相对收缩了。二是农产品品牌价值尚待进一步打造。句容市农产品品牌化程度不够高，产品附加值自然就较少。虽然句容市农产品种类较多，产量也不低，品质还可以，拥有无公害农产品、绿色食品、有机农产品等"三品一标"认证产品79个，但真正在省内外立得住、叫得响、传得开甚至有国际影响的屈指可数。三是农产品结构尚待进一步优化。这是因为句容市地处丘陵地带和平原交界处，是"三山二水五分田"的分布结构。因此，句容市农产品主要还是以稻麦轮作、一粮独大局面为主，相比市场上需求大、经济效益好的牛羊猪及鱼虾蟹而言，存在供给不足的结构缺陷，还有待进一步优化和提升。

2. 二产多而不优

从总体上看，句容市农产品种类丰富，体量也不小，诸如水稻、小麦、玉米、茶叶及苗木等年产量在省内都是排名靠前的，但是句容市农产品的销售仍然处于初级阶段，大多是以未加工或者粗加工形式销售出去的，产品加工业产值占比不高，仅达到2.8：1，这与周边溧阳、金坛的占比，甚至苏北射阳的3：1，以及发达国家的4：1相比尚有不少差距。所以句容市农产品加工业产值与农业大市的定位明显不相称。再从农产品加工企业自身来看，句容市农产品加工企业除了桑酒、苗木、茶叶等少部分知名品牌，其余的大都以私人作坊为主，且分布不均匀、整体实力不强。这必然导致在人民对美好生活的向往和消费能力不断升级的背景下，句容市农产品附加值和经济效益不高，缺乏核心竞争力，长此以往势必会造成农产品的相对过剩。

3. 三产活而不旺

随着电子商务的快速发展和人们消费层次的多元化，农村发展三产是大势所趋。农村三产的良好发展不但能优化农产品结构、加快农产品流通、提升农产品知名度，而且能发挥带动农民就业及增加农民收入等突出作用。目前，句容市农村三产的发展貌似活跃，但存在活而不旺的现状。主要表现为：一是农业生产性服务（包括农机、农贸、农技、农合）虽然数量挺多，但是大多层次水平不高，结构比较单一，未能形成合力，服务功能比较虚弱，这就会造成农业生产与市场衔接出现偏差。二是句容市休闲观光旅游特色服务农业产品虽然初具规模，但是各种产品研发层次普遍不够深入，规模参差不齐，目标功能定位模糊，同质化趋向严重，且缺乏统一规划、地点分散、经营单一，团队合作意识不强，不能形成规模与品牌的效应。从目前运营效果来看，绝大部分观光休闲农业项目给消费者的感觉基本上是一两个小时就能结束，没有鲜明特色，无法让消费者走心入脑，没有能够激发大部分消费者住宿的"卖点"，使消费者由"过路客"成为"过夜客"，从而拉伸经济效益链。

4. 一二三产融而不深

我国农村经济体制改革初期，党中央就对农村单一的产业结构进行了规划，提出了"无农不稳，无工不富，无商不活"的口号式目标。虽经过改革开放40多年的发展，但乡村产业结构不合理现象依然很突出，这一点在句容市同样表现得很明显，如果不进行改革调整，产业结构必然会成为乡村振兴的绊脚石。目前，句容市产业结构存在的问题除了上述3小点以外，就是农村一二三产之间有物理的拼"合"，缺乏化学的交"融"，"融"而不"深"。主要体现在两大方面：一方面，句容市大部分从事一二三产融合的经营主体往往缺乏中长期规划，定位不明晰，什么赚钱投资什么项目，简单效仿，低水平重复，缺乏差异性深度开发和高质量发展；另一方面，句容市一二三产融合的相关扶持政策不完善，比如公共基础设施不完善、土地成本高、融资信贷难等，在相当程度上束缚了融合的手脚。正是这两方面因素导致句容市一二三产融合层次与覆盖面深度和广度不够，农产品延伸的链条较短、多功能拓展欠缺、附加值不高。

（二）难点分析

"通则不痛，痛则不通"。笔者认为，目前句容市乡村产业发展之所以出现以上 4 个痛点，原因是多方面的。句容市是苏南的产粮大县（市），是江南水乡，而水美乡村的韵味未能彰显；森林资源相对丰富，而山林曾被破坏性开发，未能做到有效规划保护、物尽其用。客观分析，以上状况有其自身因素的转化，同时与本地的发展理念、关注重点、配套政策及引导协调不无关系。归结起来，"痛点"之堵是历史和现实、自然和主观经年累积所致。要想疏堵，必须突破三大核心难点：人、地、资金。

1. 人的因素

在诸多生产力要素中，人是最主要的也是最积极的因素。人的因素内涵至少有三，即人才、人力、人气。第一是农业技术人才青黄不接之梗。不管从事什么职业，人才都是最宝贵的资源，这一点毋庸置疑。同样，只有高精尖的农业专业人才，方能有高产、高效、优质的农业。调研中发现，基层一线，特别是乡镇农业服务中心及村级组织中农技专业人才培养有瓶颈，年龄大的退休在即，年轻的农业人才中工作表现好的因提拔任用离开了农技队伍，客观上造成了农技人才的流失，致使句容市农业现代技术推广出现人才青黄不接之梗。第二是农村人才严重不足之梗。由于市场经济、社会政策、价值取向等众所周知的原因，农业丧失了吸引力，农村青壮年劳动力已经形成"候鸟"特征，大部分时间在企业和各类工地奔走，农村的家更多的时候只具有象征意义，或是逢年过节回家团聚，或是"倦鸟"才知归巢。第三是农村人气凋敝不旺之梗。乡村振兴也好，产业振兴也罢，没有"人"这个最积极的因素，"兴"字文章就无从落笔。农村优质的人力资源流失，留守群体多为妇女、儿童和老人，被"掏空"的乡村要凝聚人气、重现热闹光景，没有点"实招"是回不去的。

2. 土地因素

土地永远是广大农民生存和生活的命根子。农村土地政策的变迁与发展，不仅仅关系到农业现代化的快速推进，更关系到整个社会经济发展的根基。梳理我们党土地政策的沿革，可归纳出与土地有关的三个关键词：情感、利益、政策，即基于农民对土地的依赖（情感）和需求（利益），通过调整（政策）以平衡利益关系。自家庭联产承包责任制实施以来，土地政策的调整过程足以证明这组关系。就目前句容市乡村产业发展中面临的土地因素的制约来看，有两个层面的纠结：一是农业散户和大户的选择纠结。出于恋土情结，或者是对土地直接收益的预期，部分散户在是否将土地拿出去流转上纠结。面对每亩800~900元的土地流转价格和不确定的自然及市场风险，加上农业生产成本不断提高，规模效益打折，农业大户在是否继续经营上纠结。二是现有基础和政策红线带来的纠结。句容多年来均为苏南产量大县（市）的现实是一项荣誉，符合国家"把饭碗端在自己手里"的方向，若要继续维护这个荣誉，主要耕地就必须以稻麦种植为主，其他经济作物发展空间就相对受到限制。既然农业效益不高，搞工业、服务业是不是会大幅度提高经济效益从而带动产业兴旺呢？这里需要明确的是，农村除基本的农田以外，也有可以发展二三产的配套土地，但一般不得改变土地使用性质，否则就触碰了耕地红线。因此，非农化的用地绝大部分被视为工业用地或商业用地，要有用地指标，要走合法程序才能使用，这个过程手续繁琐、周期较长，成本很高，必然会影响二三产的发展速度和一二三产融合的进度。所以，农村土地因素依然是制约农村产业大规模实现"接二连三"的关键难点所在。

3. 资金因素

近年来，尽管我国农村金融改革不断深化，已经基本形成了以农村信用合作社和邮政储蓄银行为主体，政策性银行、商业性金融机构和民间金融组织等多元化机构并存的农村金融体系。但是在农业要高效多元发展的形势下，农村金融依然存在供求结构的失衡问题。笔者在调研走访过程中发现，大多从事农村二三产的中小企业存在资金缺乏问题，融资难、融资贵。尽管农村土地得到确权，但是土地抵押融资依然困难，未能全部放开，这直接影响了从事一二三产融合经营主体的资金周转问题。

三、推动句容巩固拓展脱贫攻坚成果同乡村振兴有效衔接的对策建议

1. 加强顶层设计，确保乡村振兴战略落地有声

乡村振兴战略的实施离不开党和政府强有力的政策导向和扶持。建议句容市委、市政府：一要全面、精准、高效利用好中央和省、市的重大惠农政策，加强顶层设计，做好句容市乡村振兴战略实施的总体规划，确保规划的全局性、前瞻性、连续性、严肃性，同时进一步细化方案，明确阶段性的目标和任务。二要立足句容市乡村产业的发展现状，从解决乡村经济问题入手，以发展乡村经济为中心，始终把发展乡村生产力放在第一位，全面深化农村农业的供给侧体制改革，优化农村经济结构，促进一二三产融合发展，大力支持和鼓励农民就业创业，不断拓宽增收渠道。三要制定好产业帮扶政策，进一步完善农业社会化服务体系，提高农业技术推广服务中心的服务水平和实效。

2. 着力培育吸纳乡村振兴的职业人才

实施乡村振兴战略是一项长期系统的工程，必须破解人才瓶颈制约。要把人力资本开发放在首要位置，倡导专业人做专业事的理念，千方百计"网罗"各类人才，畅通智力、技术、管理下乡通道，造就更多乡土人才，聚天下人才而用之。一方面，要全面建立职业农民制度，完善配套政策体系，实施新型职业农民培育工程，培养造就一支懂农业、爱农村、爱农民的"三农"工作队伍。另一方面，新时代乡村振兴需要由城返乡的"逆行者"，这些"逆行

者"有见解、有技术、有资金、有资源，是乡村振兴的新动能、新引擎。因此，要通过深化改革打破乡村要素单向流入城市的格局，变进城与下乡的"单行道"为"双行道"，引导、吸引更多的科技人才下乡投身现代农业，同时用更加优惠的政策留住人才，用共建共享的机制用好人才，掀起新时代新特点的"上山下乡"，彻底解决当前"谁来种地"及"如何种好地"的问题，进而推演到今后"谁住乡村"和"乡村振兴"的话题。

3. 做大做强农村集体经济

建议将发展壮大集体经济作为巩固脱贫攻坚成果同乡村振兴有效衔接的重点内容，与提升扶贫资产资本管理运行水平相结合，坚持党建引领的基本思路，层层压实县、镇、村三级责任，编制相关规划，深化农村集体产权改革，做实村集体产权股份，以增强村集体经济持续"造血"能力为重点，鼓励各镇、村因地制宜探索多种发展壮大村级集体经济的模式，并突出考核考评，明确导向，把党建引领发展壮大村级集体经济工作纳入各项考核考评，与年度评优评先、干部提拔任用挂钩。

4. 推进农业合作经济组织高质量发展

建议在稳定农村土地承包关系长久不变和坚持完善最严格的耕地保护制度前提下，赋予农民对承包地占有、使用、收益、流转及承包经营权抵押、担保的权能。完善农村闲置宅基地和闲置农房政策，探索宅基地所有权、资格权、使用权"三权分置"的有效形式，落实宅基地集体所有权，保障宅基地农户资格权和农民房屋财产权，适度放活宅基地和农民房屋使用权。支持集体经济组织以出租、联营、入股等方式盘活利用闲置的农房及宅基地，按照规划要求和用地标准，改造建设民宿、创意办公、休闲农业等农业农村体验活动场所。在相应区域内大力推进新型农业经营主体的发展，重中之重是通过加强组织领导和政策支持，广泛培育建立起实质性运营的村级农业专业合作社。一方面，通过组织化系统性降低成本、方便交易、抵御风险，在增加农民收入的同时，切实保障产业集群的发展；另一方面，通过做实村级农业合作组织，真正把农民组织起来，团结在村集体周围，汇集起推动乡村振兴的农民主体力量。

　　总之，夯实产业基础、推动乡村振兴必定是一个持久过程，产业培育、品牌和市场建设、人才培养、脱贫群众的人力资本提升等都需要较长的时期去积累，因此，既要持续加大支持力度，也要循序渐进，稳步推进。

坚持党建引领
推进乡村振兴的句容实践

农业农村农民问题是关系到国计民生的根本性问题，没有农业农村的现代化，就没有国家的现代化。实施乡村振兴战略，是党的十九大做出的重大战略部署，是实现中华民族伟大复兴的重大历史使命，是新时代"三农"工作的根本遵循，是新时代破解农村发展困境的重大战略举措。

近年来，句容市全面贯彻落实习近平总书记关于党建引领乡村振兴的重要讲话、重要指示、重要批示精神和中央、省、市各项决策部署，以做强基层党组织为抓手，锻造乡村振兴的"红色引擎"，通过大力实施"党建+"发挥组织优势，在项目发展、文明创建、环境整治、基层治理等方面发挥党建引领作用，让党建引领乡村振兴的"县域模式"熠熠生辉、历久弥新。

一、党建引领乡村振兴的内在逻辑

"办好农村的事情，实现乡村振兴关键靠党。"走好新时代乡村振兴之路，党建引领是根本，满足人民对美好生活的需要是核心，农村农业高质量发展是主线。充分发挥党组织优势，把党建优势转化为发展优势，把党建成果转化为发展成果，既是党建引领乡村振兴的基本路径，也是乡村振兴对党建提出的新要求。因此，党建引领乡村振兴是新时代解决"三农"问题的逻辑必然。

（一） 主体重塑——党组织引领角色定位与赋能

长期以来，基层党组织在社会治理和乡村振兴中存在"重政治、轻治理"现象，党组织是各个基层单位的政治核心和领导核心，但存在被虚化、弱化、淡化甚至边缘化的倾向。党的十八大以来，各地在实践中加强党组织建设，激活党建引领乡村振兴的新动能。具体地说，强化政治引领，发挥基层党组织把方向、聚人心、强动力的核心作用，使其成为宣传党的主张、贯彻党的决定、引领基层发展、引导社会治理、团结调动群众、推动改革稳定的行动主体，确保党在"三农"工作中始终发挥总揽全局、协调各方的作用；提升党组织组织力，严肃党内政治纪律，巩固基层党组织阵地，发挥基层党组织的战斗堡垒作用和广大党员的先锋模范作用，提升基层党组织的凝聚力和战斗力；加强党员队伍建设，努力培育一批懂农业、爱农村、亲农民的工作队伍，通过延揽新乡贤，聚力发展乡贤经济，做实"一号工程"，推动构建全周期管理方式，突破基层党建发展困局，为党建引领乡村振兴提供组织保障。

（二） 组织构建——党组织引领资源整合与建构

党的十一届三中全会以来，我国通过改革开放释放了群众的发展活力，特别是随着家庭联产承包责任制的实行，广大农民获得了农村土地承包经营权，思维渐趋活跃，参与商品经济愿望日渐迫切。从党的十四大开始，到2000年，我国初步建立了社会主义市场经济体制基本框架，但"自然经济"境遇下的小农户和大市场之间存在天然的经济鸿沟和对接难题，农民长期处于"温饱有余""富裕不足"的困境，甚至在部分农村地区，天然的区位劣势和碎片化发展使得个别农村地区长期处于贫困和失序状态，这是推进乡村振兴过程中必须破解的发展困境。党的十八大以来，各级基层党组织按照乡村振兴战略的部署要求，创新党组织设置，通过"嵌入式党建"筑牢基层党建的神经末梢，将"党支部""党小组"建在村头埠尾、建在楼道管所、建在工企车间，盘活动员农民的政治过程。在合作共治的框架下，基层党组织的政治领导职能、村委会的公共服务功能和经济组织的发展功能互融互嵌，极大地增加了基层组织的"粘性"，实现了"干部得信任、群众得实惠、集体得发展"的多赢局面。

（三）价值构建——党组织引领理念创新与重塑

党的十九大明确了乡村振兴的实现路径和具体目标。乡村振兴本质上是农村农业"现代化"问题，是农村经济、政治、社会、文化、生态文明建设的"五位一体"建设问题，是千百年来乡村基本理念和核心价值的解构和重塑。目前，基层党组织要充分发挥党组织的社会整合和价值引导作用，积极探索适合本地区发展的乡村振兴新模式，重塑乡风文明和价值认同。产业振兴是乡村振兴的关键，基层党组织要始终咬住经济发展这个"牛鼻子"，使物质推动力和组织引领力有机耦合，推行"党小组+"模式，推动党建工作从上层着力向基层着力转变，让乡村振兴战略不仅停留在"纸上、嘴上"，而且落实到"手上、脚上、行动上"。同时，基层党组织加强对新时代"三农"工作的坚强领导，带动农村在生态宜居、乡风文明、共同富裕上发生根本性变化，以文化润泽乡风，将社会主义核心价值观、道德模范、文明礼仪融入乡规民约、自治公约、道德讲堂中，打通乡村振兴的"最后一米"，让农民群众成为乡村振兴战略最大受益者、最广参与者、最强建设者。

二、党建引领乡村振兴的句容实践

党建引领乡村振兴，重点在基层组织，关键看基层干部。近年来，句容始终将农村基层党建作为重中之重，坚持建强组织体系、培优干部队伍、提升服务质效、推进富民增收，不断增强党建引领的核心驱动力。

（一）聚焦组织体系建设，把党的组织优势巩固好、发挥好

只有完善上下贯通、执行有力的组织体系，才能实现各项工作一贯到底、一竿到头。因此，句容紧盯这一根本，以"三个强化"确保战略部署有效落实。一是强化上下联动。建立"市委带动、基层党组织联动、普通党员行动"三级贯通机制，按照"五级书记抓党建、五级书记抓振兴"工作标准，重点抓好乡镇党委书记和村党组织书记两支队伍，积极推行镇干部定村、村干部进组、党员联户，推动党员干部"沉底扎根"在乡村振兴一线，并通过开展人居环境整治、生态文明建设、产业项目发展、农村基层治理等，确保乡村振兴的各项任务高效落实。二是强化组织共建。先后开展了机关部门与村（社区）"一联一"结对、"万企联万村 共走振兴路"等活动，召开党建引领乡村振兴现场会，全市 178 个村（社区）与市属企业、非公企业结成对子，签订村企联建协议，实现资源共享、优势互补，有力夯实了乡村振兴的组织基础。三是强化网格织密。针对农村基层治理体系网格不密、"网眼"偏大等问题，通过"建撤调并"建成农村党小组 1613 个，全市 6103 名农村党员中心户与 55036 个农户结对。推行"党小组+"工作模式，推动党小组在疫情防控、人居环境整治、村"两委"换届等重点工作中发挥重要作用，为乡村振兴注入了"新动能"。

（二）聚焦干部队伍建设，让农村基层干部想干事、干成事

句容坚持把选优配强干部队伍和人才队伍作为乡村振兴基础工作来抓，通过抓"两委"班子、储备人才、提升能力、鼓励激励等措施，做优"人"的文章，旨在锻造一支本领过硬、能担重任的铁军队伍，共同绘就乡村振兴壮美画卷。一是突出"两委"班子，建强领导核心。村（社区）"两委"队伍是实施乡村振兴战略的领导核心，也是成败关键。在坚持政治标准的前提下，通过村（社区）"两委"换届，选拔 1328 名优秀人员为村（社区）"两委"班子成员，其中从本地致富能手、本乡本土大学生、退役军人、机关企事业单位中新选拔 231 人充实到村（社区）"两委"中，新调整 93 名村（社区）书记，让村（社区）"两委"班子结构得到优化、队伍活力得到激发，达到了"换人就换了一片天"的效果。二是突出人才储备，打造"源头活水"。实施村级后备干部"333"计划，市、镇、村三级联动，按照每村 3~4 人的数额，建立起一支 720 人左右的村后备干部队伍，实行动态管理。以"321"培育工程为统领，针对乡土人才、实用人才、乡村科技企业家等人才群体实施专题培训，打造扎根服务乡村的人才队伍。句容全市现有江苏省"乡土人才" 47 人、江苏省"333 工程"培养对象 78 人，成功申报省级非物质文化遗产项目 3 个、省级非物质文化遗产传承人 1 位，为乡村振兴提供了更充足的人才保障。三是突出本领提升，促进整体过硬。通过"强村带弱村""先进带后进"，开展集中教育培训、赴先进地区参观学习、开设"书记讲坛"、进行村（社区）"两委"专题轮训等，培训内容涵盖党史学习教育、村级经济发展、上级政策辅导、社会治理等多方面，有效提升了村（社区）"两委"队伍的综合能力和履职水平。连续 9 年举办村书记培训班，尤其是 2021 年开设村（社区）书记乡村振兴专题培训班，通过"走出去"的培训方式，进一步开阔村（社区）书记乡村振兴的视野，提升本领。四是突出鼓励激励，激发干事激情。建立了"干好有待遇、退职有保障、定期有增长"的待遇保障机制，定期上调村（社区）干部基本报酬，推行村书记专职化管理，全市符合条件的村书记 100% 纳入专职化体系。开展优秀村书记遴选，符合条件的优秀村书记享受事业编制退职人员同等待遇。同时强化政治鼓励，对乡村振兴中实绩突出的优秀专职村书记加大提拔任用力度，择优进入乡镇副科级领导班子岗位。推荐政治素质好、参政议政能力强的专职村书记作为乡镇级"两代表一委员"人选，增强村书记的责任感、荣誉感和获得感。

（三）聚焦服务质效提升，推动农村党组织办实事、见实效

健全工作机制，提升服务质效，汇聚党建引领乡村振兴最大合力。一是健全机制。近年来，句容积极推进农村党建标准化建设，全市 178 个村（社区）对照标准化要求，建成标准化党群服务中心，在村（社区）推行一站式、菜单式、智慧式、代理式"四式"服务，建立群众工作部、站、室"三级联动"诉求解决机制，开设为民服务窗口，提供党组织关系转接、社保等多项业务办理和政策咨询服务，打通党群干群之间"最后一米"。二是优化服务。结合党史学习教育和换届后村（社区）"两委"干部队伍建设，将"我为群众办实事"作为换届后"两委"班子推进乡村振兴的重要抓手，着力解决群众最关心的实际问题，并开设专栏。截至 2022 年 5 月，句容市 178 个村（社区）均已晾晒先锋微信公众号。同时，鼓励农村党员结合自身实际制定目标，开展一项服务群众、服务集体、服务社会的活动，从自身做起，从小事做起，切实发挥先锋模范作用。三是打造品牌。积极鼓励各村（社区）按照"一村一特"要求充分挖掘潜力，打造村级为民服务品牌，涌现出行香村"代理式"服务、亭子村"四民工作法"等特色服务品牌。

（四）聚焦村级经济发展，实现富民增收取得新突破、新进展

村级集体收入是推进乡村振兴的物质基础，只有不断将"蛋糕底层"做大，才能做到有钱办事、有钱办大事。近年来，句容顺应基层需求和群众期待，多举措突破村级发展瓶颈，实现持续"升档进位"，探索出一条农村发展的"句容路径"。2020 年年底，句容市村均总收入达到 270 万元。一是实施"万企联万村"行动。全市 115 个村（社区）与 115 家企业签署联建协议，村企合作共建累计达成了联建项目 132 个，计划总投资 47.5 亿元，其中包括多个农业、工业项目，为增加村级集体收入注入更强动力。二是大力发展"飞地"经济。在句容工业集中区内设立富民工业园，为经济薄弱村提供"工业飞地"，通过镇村、村村联合等形式在富民工业园建设标准化厂房，分享租金收入。全市各镇（街道）均建立了富民工业园，不仅解决了一大批村里的劳动力的就业问题，同时也为村集体带来了收入。三是创新"乡贤经济"模式。全力以赴打好"乡贤牌"，充分利用乡贤在信息、人脉、资源等方面的优势，在项目招引、吸引税源等方面做足文章，为村里增收。四是申请专项资金扶持。各村（社区）充分利用在土地、人力、交通等方面的优势，积极对接上级相关部门的扶持政策，申请专项资金，为村里增加收入。

三、党建引领乡村振兴的县域经验

党的十九大以来，句容从"顶层设计"入手，紧抓组织建设、组织构架、组织推进"三大环节"，把党建重心聚焦到农业农村，把党组织触角延伸到基层一线，把红色旗帜插到农民身边，因地制宜、精准施策、攻坚克难，探索出了实施乡村振兴战略的"县域经验"。

（一）全力提升基层党组织战斗力，锻造红色引擎

实施乡村振兴战略，关键是建设强有力的基层党组织。一要做好党组织规范化建设。把政治建设摆在首位，强化党组织的政治属性和政治功能，严肃党内政治纪律，严格党组织考核制度，谨防党建和业务"两张皮"现象，把乡村振兴战略融入主题党日和党员活动，创新党员先锋亮绩积分管理，规范党员管理约束监督机制，努力建强培优党员干部队伍。二要以"清单"制明晰党建责任。强化正面激励，用好"评先评优""绩效考核"指挥棒，通过树典型、做表率、表先进，做强"红色+"文章，夯实战斗堡垒，放大"领头雁"效应，加强负面清单管理，在比较中体现先进，用具体事例评价具体行为，用有效数据量化实际效果，对党员干部实施常态化督察和量化评议，加强对不合格党员教育引导管理惩处。三要高标准建设党员干部队伍。加强基层党建，提升党建质量。实施驻村干部培优工程，提拔重用实绩突出的定额干部。实施村组干部提质工程，遴选政治站位高、综合能力强、思维灵活的党组织书记，确保党组织管方法、管政策、管全局。实施后备干部扩容工程，将致富

能手、退役军人、新型农民、"两新"人员、技术人才等纳入干部培养计划，锻造实施乡村振兴战略的"主心骨"，启动实施乡村振兴战略的"强引擎"。

（二）全力提升基层党组织发展力，推动产业兴旺

乡村振兴关键是产业振兴，本质是农业农村现代化，核心是满足农民美好生活需要。基层党组织要敢于抓住基层群众重大利益诉求，因地制宜谋划产业发展，发展壮大集体经济，多途径增加农民收入。一要发挥基层党组织的引领作用，健全自治组织，发挥自治功能，成立发展平台，聚集整合闲散资源，通过各类专业合作社、集体经济组织、村级商会、村级服务社等把小农户及其资源进行有效组织、整合，建立合理透明的管理体制、参与机制、利益分配和共享机制，推动构建党政群利益共同体。二要实现多种经济形式"合作共建"，打造农业项目聚集区和农业产业园区，通过合作社、现代园区、网络电商等产业发展平台，承接中高端农业产业项目，推动现代农业和现代产业融合发展，聚集人才和发展要素进行高效能产业孵化，推动涉农产业高质量发展，真正把"乡土产业"变成"特色产业"。

（三）全力提升基层党组织动员力，激活内生动力

乡村振兴是基层党组织和基层群众互动的融合体，党组织要充分调动基层群众的积极性、主动性和创造性，激发乡村振兴的内生动力。一要畅通信息沟通表达机制。注重发挥村民小组长、党小组长、网格长基层"三长"在收集民意、上传下达、基层治理等方面的"催化"作用，畅通农民表达渠道，及时汇聚民意、民情、民愿，践行全过程人民民主，注重机制体制创新，发挥微信、微视频、微博、抖音、快手等新媒介作用，坚持问计、问需、问政于民，尊重农民的首创精神，实现共建共治共享。二要鼓励各类社团组织参与乡村振兴。通过成立志愿服务队、老龄协会、企业商会等组织，以及召开乡贤大会、群团议事会等，把农村老人、妇女、退休干部等群团力量转化为乡村振兴的重要力量。三要创新形式提升幸福感。基层党组织要充分挖掘乡土文化和乡土特色，以推进乡土文明为主线树立社会新风正气，以党建群团共建再造群团工作活力，真正留得住"乡愁"。积极倡导举办诸如丰收节、农民节、文化节、艺术节等农民自己的节日活动，活化文艺形式（诸如歌曲、小品、相声、戏曲等），表达农民夙愿，展示农村风采，最终把社会治理效能转化为产业发展效能。同时，基层党组织要组织党员、团员、干部、群众参加"孝老爱幼"大讨论，用好道德"红黑"榜，积极参与各类义务服务活动，学会自己做"大管家"，让乡村振兴成为基层群众的自觉行动。

（四）全力提升基层党组织的覆盖力，凝聚发展要素

乡村振兴是一项系统工程，是一项全局工作和长远工程，乡村的全面振兴必须要有人才、土地、资金、平台等多种要素的融合和支持。一要创新基层党组织建设。通过网格化党建、跨区域跨部门联建等方式，让党组织嵌入产业园区、经营主体、社会组织、群团组织等，开展"一村一策"精准指导，推动村企合作项目落地见效，有效破解非公企业、社会组织和群团组织等党建"悬浮化"问题。二要力促发展要素集聚。健全完善乡土人才引进、培养、使用、评价激励等全链条机制，推动产业、金融、技术等要素向农村下沉集聚，把大学生"村官"、农村大学生、农民企业家、离退休党员干部等人才资源按照一定的标准和门类，纳入乡村发展人才库，在项目发展、环境整治、文明创建等方面发挥智囊团作用，大力培育社会主义新型职业农民，让昔日的"泥腿子"变成今日的"正规军"、未来的"王牌军"，蹚出乡村振兴的康庄大道。

夯实粮食安全根基
推动乡村振兴

习近平总书记在党的二十大报告中指出："全方位夯实粮食安全根基，全面落实粮食安全党政同责，牢牢守住十八亿亩耕地红线，逐步把永久基本农田全部建成高标准农田，深入实施种业振兴行动，强化农业科技和装备支撑，健全种粮农民收益保障机制和主产区利益补偿机制，确保中国人的饭碗牢牢端在自己手中。"中国作为人口大国，粮食安全至关重要。"粮食安全"与"全面推进乡村振兴"是十九届五中全会提出的"双重"目标，也是"十四五"工作计划的重要着力点。中国既要做到把中国人的饭碗牢牢端在中国人自己手中，同时又要全面推进乡村振兴，将粮食安全与乡村振兴有机结合是新时期新阶段实现粮食安全与乡村振兴双重目标的根本路径，是党和国家赋予我们的时代使命，这二者之间有着内在的必然逻辑关系。在这个过程中，以粮食安全作为切入点，在政府的引领下，带动乡村系列化产业的兴旺，必将有力地推动乡村的大发展、大繁荣，实现乡村振兴目标。

在当今中国农村，产业振兴的一个重要标志，就是实现以粮食为轴心的产业振兴，包括种植业、养殖业及由此衍生的乡村生态饮食、农耕体验、乡村康养、农特产品加工、生态旅游及其他相关附属产业。对粮食安全问题的重视，必然会使耕地总量更加稳定，中国要严格守住耕地总量红线，为乡村振兴提供稳固的"根据地"和充足的"基础性保障"；以粮食安全为核心的系列化产业体系，必然会增加农村和农业的吸引力，使充满乡愁乡情、难忘乡音的农民回归家乡沃土，积极投身乡村建设，为乡村振兴提供充足的劳动力资源；对粮食安全问题的关注，必然会使粮食产业结构得到积极有效调整，在确保粮食总产量的前提下，提升粮食生产的科技含量，最大限度减少生产粮食中的公害和污染，切实提高粮食总体质量；对粮食安全问题的重视，必然会增加粮食健康产业的吸引力，增加城市资本、技术、人才与乡村对接的可能性，使更多的资金、技术、人才和城市人口流向农村。在以粮食安全为核心的系列化产业带动下，实现生态、人才、文化和组织的多重振兴，为实现乡村振兴提供充分条件。由此可见，只有真正重视粮食安全问题，才能直接或者间接地为乡村振兴创造各种条件。也只有注重粮食安全，建构系统化的以粮食安全为轴心的产业体系，才能带动生态、人才、文化和基层组织的振兴。从这个意义上说，粮食安全必然推动乡村振兴。党的二十大报告从全面推进乡村振兴的角度再次强调了粮食安全的重要性，提出要"全方位夯实粮食安全根基"。这是党中央根据国内外形势做出的科学而具有深远意义的决策。

一、以粮食安全引领乡村产业振兴

产业发展和振兴是乡村振兴中必须抓住的"牛鼻子"，是实现乡村振兴的重点、难点和必由之路。扛稳粮食安全重任是实施乡村振兴战略的首要任务，推进粮食产业可持续发展是促进乡村产业兴旺的重要前提。乡村振兴首先要实现的就是产业振兴，乡村振兴战略的宣传和推动正风生水起，其实行如火如荼，在这样特定的时代背景下，粮食安全与乡村振兴的契合便有其客观必然性与现实可能性。将实现粮食安全的任务交给乡村，推动并促进乡村产业振兴，在乡村产业振兴中实现粮食安全，这样既解决了粮食安全问题，同时以粮食安全为轴心的系列化产业的开发也实现了乡村产业振兴的目标。将以粮食安全为轴心的系列化产业与乡村振兴紧密融合，可以同时解决"粮食安全"与"乡村产业振兴"两大难题，那么，粮食安全如何推动乡村产业振兴呢？

1. 以粮食安全助推乡村产业振兴

保证粮食安全，首先要保证耕地总量、保证足够数量的劳动力从事农业生产，从而保证粮食总量安全。另外，保证粮食质量安全，就必须保证粮食生产、储存、流通的安全。粮食安全问题解决的同时也为实现乡村产业振兴提供了土地、劳动力和技术保障，使乡村振兴有了资本、人力、人才和技术层面的可靠依托。

2. 以粮食安全为引领，最大限度吸引外来资本、人才和技术，为乡村产业振兴提供坚实的人财物供给

粮食安全问题事关千家万户，涉及国计民生、社会稳定、国家安全，关系到全民健康和人民生活水平的提升，是城乡居民共同关注的大事。因此，以粮食安全为介体和切入点，通过实事求是、科学合理的宣传，通过党和政府最优化的顶层设计，通过系列化制度的建构与出台，最大限度吸引城市资本、人才、技术和居民下乡，为乡村产业振兴提供多元助力。

3. 建立以粮食安全产业为轴心的系列化乡村产业体系

在稳定粮食耕作面积提高粮食产量的基础上，通过强化科技指导、精准目标定位、精准靶向跟踪，使包括种植业和养殖业在内的粮食产品日趋回归原生态，增加粮食产品的有机性，提高粮食产品的生态性，切实在保证粮食总量的基础上兼顾质量，保证粮食产品的"双重安全"。从供给侧结构性改革的实际出发，使生产的粮食、蔬菜、水果、肉类等产品量足、质优、品种丰富、结构合理，最大限度满足人民群众健康生活水平不断提升的需求。在此基础上，还要从人民日益增长的美好生活需要出发，以粮食安全产业和产品为基础和轴心，发展农特产品加工业、生态餐饮业、农耕文化体验业、粮食安全种植培训指导业、乡村康养业、生态观光业、乡村民宿业，集吃、住、休闲旅游、养老体验、培训多种功能和内容于一

体，通过有序组织和实施，使之成为基础牢靠、环环相扣、彼此紧密联系的系统化的乡村产业链条，真正实现乡村产业的兴旺发达。

二、以粮食安全助推乡村生态振兴

乡村生态振兴是乡村全面振兴的保证，是贯彻实施乡村振兴战略的关键抓手和内在动力，是对生态文明语境下乡村现实问题的回应。改革开放以来，许多农业生产经营者为片面追求经济效益而提高粮食产量，在粮食生产过程中过量使用化肥、农药、动植物生长激素，使农业生产用地遭到严重污染和破坏，土地硬化、酸碱度失衡，各种农产品包括粮食、蔬菜、水果和肉类总体质量下降，甚至许多农产品有毒有害物质超标，对生态环境和广大人民的身体健康造成了严重威胁。新时代的粮食安全就是要克服这些缺点和不足，在保护环境保护耕地的基础上，强化绿色生态、无污染、无毒、无公害农业经营理念，提高农业生产经营管理技术水平和能力，减少农业生产过程中由于化肥、农药、农业激素的过度使用而对土地、生态环境和粮食造成的污染，以及间接对广大人民群众身体健康造成的危害。那么，从粮食安全方面如何助推乡村生态振兴呢？

1. 通过粮食安全打造良好的乡村生态环境

一方面，在粮食安全产业建构过程中，在农业耕作和粮食生产加工过程中尽量避免或减少化肥和农药的使用，最大限度减少过度使用化肥和农药对耕地、空气和粮食产品造成的污染与公害，营造天蓝、水美、地绿、风清的良好生态环境；另一方面，要在粮食安全农产品深加工、转化，以及运输和经营管理过程中减少对生态环境的污染与破坏（包括在建立厂房、深加工、销售和管理过程中不得造成对土地和生态环境的次生污染与破坏，不得违规排放废气、废水、废渣，不得使用各种污染土地和生态环境的有毒有害物质）。

2. 通过粮食安全打造良好的生活空间

粮食安全作为城乡融合的介体，会促使城市居民、外来流动人口、专业技术人员、回归乡贤到乡村定期或不定期居住和生活。因此，从人性化管理角度来讲，要打造良好的生活空间和生活环境，实施生态引才、生态留才，建构良好的生态环境，建构绿色居住、休闲、娱乐、教育、医疗环境，为人才提供便利、生态、环保的衣食住行，提供清洁清新的生活空间和居住环境。

3. 通过粮食安全推进乡村生态振兴

在乡村振兴背景下，以粮食安全为轴心的系列产业，一方面，可以使务工回流，让农民在自己的热土上挥洒汗水、播种绿色希望、实现粮食安全的目标，同时美化、绿化、亮化乡村，使乡村处处呈现绿意盎然的蓬勃生机，推动乡村生态振兴的实现。另一方面，以粮食安全为核心的系列产业，在构建多元、立体的乡村生态系统（包括生态饮食、生态民宿、生态农特产加工、生态旅游、生态康养、生态农耕体验、生态采摘）中，整体推动乡村生态环境改善和进步，同时使整个乡村呈现出绿色、环保、低碳、健康发展的大好局面，实现以粮食安全为轴心的产业体系推动乡村生态振兴的重要目标。

三、以粮食安全带动乡村文化振兴

习近平总书记指出："要推动乡村文化振兴，加强农村思想道德建设和公共文化建设，以社会主义核心价值观为引领，深入挖掘优秀传统农耕文化蕴含的思想观念、人文精神、道德规范，培育挖掘乡土文化人才，弘扬主旋律和社会正气，培育文明乡风、良好家风、淳朴民风，改善农民精神风貌，提高乡村社会文明程度，焕发乡村文明新气象。"在乡村振兴战略的带动下，沉淀在乡土社会的传统文化有了复兴再造的可能，一方面可以满足乡村居民的文化需要，另一方面可以在传统乡土文化的基础上进行文化创新，满足城市居民的文化需求，扩展乡村文化的生存空间。乡村文化振兴是乡村振兴的灵魂和动力，没有乡村文化振兴，就没有乡村振兴目标的实现。考量乡村文化振兴的实现方式，其基本思路包括：坚持社会主义核心价值观的思想指引，持续推进乡村思想道德建设，保护传承乡村优秀文化，践行乡风文明建设新行动，深化文化人才队伍建设。那么，粮食安全如何带动乡村文化振兴呢？

1. 用关涉粮食安全的培训带动乡村思想道德和教育科学文化素质的整体提升

实现粮食安全需要人才及劳动力的支撑，吸引和动员专家、学者、知识分子、专业技术人员，以及部分市民投身到乡村建设的伟大事业中去，吸引打工族回归乡村，以实现粮食安全为纽带，使其在乡村建设中相互交流、相互学习、相互沟通、相互借鉴，从而促使城乡思想的交流。通过城乡之间思想的沟通与交流，填补乡村思想道德洼地，提升乡村的整体思想道德水平，包括清除乡村普遍存在的赌博风、攀比风、巨额彩礼风、铺张浪费风、大操大办风等陈规陋习。与此同时，由于粮食安全问题的解决需要广大农民科学文化素质的提升，需要培育新时代专业化的职业农民，因此，在对农民实施科学文化知识培训过程中，一方面，要提升农民的科学文化常识和生产生活的基础知识，包括学科知识、专业知识、信息技术知识、世情国情党情民情常识。通过培训，强化农民的沟通能力、理解能力、信息技术灵活应用能力，强化其对当今社会国内外形势政策的了解。另一方面，对农民进行专业化的技能培训，使农民掌握诸如粮食安全生产、粮食储存流通等领域的技术技能，提升广大农民从事专业化粮食安全生产的素质和本领。总之，以粮食安全为主线，促进城乡融合，提升村民思想道德水平，以对农民进行粮食安全生产能力的教育科学文化培训来促进乡村文化整体水平的提升。

2. 用粮食安全带动乡村产业文化的发展

以粮食安全为轴心的系列化产业体系必将推动乡村产业的繁荣，由此也必将带来乡村产业文化的发展与繁荣。以粮食安全为核心而衍生的乡村美食、乡村生态旅游、乡村大舞台、乡村民宿，无处不彰显着浓厚的乡土文化气息，充满着乡村文化色彩与底蕴。以粮食安全带动乡村产业文化的发展，一要靠粮食安全为核心的系列产业项目的建构与挖掘；二要把系列产业项目中所蕴含的文化因素充分提炼、浓缩、开发出来，使之成为乡村发展的名片和灵魂，并内化为村民的价值观与精神信念。将文化与乡村产业有机结合起来，一方面可以推动乡村产业的发展与繁荣；另一方面给乡村文化的发展提供了载体，有利于进一步促进乡村文化振兴。

3. 用粮食安全带动乡村文化创新

乡村除了具有古韵的农耕文化之外，还具有可以挖掘、创新和承袭的充满现代气息的时代文化与特色文化。与粮食安全相结合，在党和政府的精心组织与策划下，乡村可以利用城乡融合的优势，结合自身实际挖掘开发打造特色文化。比如可以结合自身实际开创具有季节特色的农耕体验节、采摘节、旅游节、丰收节，可以根据产品特色开发桃园赏花节、橘红共品节、瓜果飘香节、金穗芬芳节等一系列具有自身特色的农特产品节日文化创新项目，一方面，对粮食安全系列产业文化进行了特色宣传与渲染；另一方面，也可以创新乡村文化氛围，推动乡村文化发展。

四、以粮食安全拉动乡村人才振兴

人才振兴是乡村振兴的关键所在，下大力气培养、引进、用好人才，吸引各类人才在乡村振兴中建功立业，是激发乡村人才振兴活力的重要支撑。我们要从现实出发，必须强化人才队伍建设，广开门路"聚"才，不拘一格"用"才，多措并举"留"才，用好乡村振兴人才"引擎"。不论是粮食安全还是乡村振兴，一个共同的需求就是人才。缺少人才，不论是粮食安全还是乡村振兴都不可能实现。因此，以粮食安全为切入点和主线，引进、培养一批专家型人才，既能实现粮食安全的目标，又能满足乡村人才振兴的初衷，实现人才使用的"双重目标"。那么，如何通过粮食安全来拉动乡村人才振兴呢？

1. 以保障粮食安全吸引一批"土专家、田秀才"

就粮食安全来讲，要切实增加粮食产量，减少粮食公害，提高粮食质量，提高人民群众的健康水平。要充分利用高校科技优势，加强与高校合作，同时着眼乡村本土，吸引和招聘一批优秀的粮农专家和技术人员，致力于粮食安全相关的研发、实践、实验、监督、管理和新产品开发，提高粮食产品的科技含量，提升粮食无毒无公害指数，为国家粮食安全保驾护航。这样既解决了粮食安全问题，又培养了乡村产业振兴需要的专业化人才。

2. 围绕以粮食安全为轴心的系列化产业培育一批职业专业化人才

基于粮食安全及系列化产业的高标准严要求，要切实留住本土人才。通过实施包括农业生产新知识、新技术、新能源、新信息、电商平台的掌握与运用，以及农业机械的熟练使用及粮食增产、无毒无公害、病虫害和自然灾害防治技术、农特产品加工运输销售等技术能力的专业化、系列化培训，将作为粮食安全产业主体力量的广大农民培育成为通晓现代农业生产技术、熟练掌握现代化信息化机械化技术、熟谙粮食生产存储加工流通等领域的本土农业实践型专家。

3. 粮食安全吸纳粮食核心系列产业综合性多元化人才

粮食安全衍生了农特产品加工业、乡村生态旅游业、乡村民宿业、农耕体验业、乡村生态饮食业、乡村康养产业等系列化产业，这些产业同样需要教育、医疗、管理、服务等领域在内的相关人才给予支持和推进，吸纳粮食安全系列化产业综合性人才的过程，同时也为乡村振兴提供了优秀的"一专多能""多面手"人才，为乡村振兴供给了宝贵的人才资源。粮食安全系列化产业所需要的人才资源，主要通过招聘、培训、政策引才和"挂职锻炼""三支一扶""对口帮扶"等方法实现人才资源来源的多元化、人才数量的最大化。

4. 粮食安全呼唤"双阳"人才助力乡村振兴

"双阳"人才是指回归家乡创业就业的"朝阳"人才及回乡发挥余热的"夕阳"人才，他们在粮食安全、城乡融合、资本技术人才下乡、乡村振兴、乡村治理等各个领域发挥着举足轻重的作用。通过协商制定政策或者通过调研了解民情民意，他们成为政府和村民沟通的桥梁和纽带，推动粮食安全和乡村振兴问题的解决。此类人才主要是通过乡情乡愁乡音"三乡"情感的宣传与对接，将年轻人和老年人的梦想与粮食安全和乡村振兴紧密结合起来，共同助力乡村振兴。

五、以粮食安全促进乡村组织振兴

农村基层党组织在乡村振兴过程中起到宣传、推动、落实的关键作用，通过领导基层治理、团结动员群众激发其他组织活力筑牢战斗堡垒。基层党组织的首要目标是通过加强自身组织能力建设凝聚各方面资源，激发振兴动力。改革开放以来，我国乡村大量青壮年劳动力外出务工，村庄只留下妇女、儿童和老人，甚至很多村成为"空心村"和"无人村"，加之村庄基层党组织和村民的利益交集日渐减少，村民对村庄基层党组织的关注日益淡化，导致基层党组织职能日渐弱化、虚化和边缘化，基层党组织在相当长的一段时间内失去了往日的感召力、凝聚力、引领力和战斗力。从现实来看，由于村庄各类组织未能发挥各自应有的功能，组织错位、职责不清、权威弱化，很多乡村的基层治理存在结构性问题，导致下沉到村庄的国家与地方公共资源遭受侵蚀，乡村振兴资源投入的治理绩效递减，基层党组织也在相当长一段时间内处于"失职失能"甚至被忽略的状态。党的十九大以来，党和国家把粮食安全和乡村振兴提上重要日程，既要实现粮食安全，又要实现乡村振兴，这是新时代赋予的历史使命，也是解决"三农"问题的重要抓手。通过粮食安全来盘活乡村基层党组织，实现组织振兴，通过充分发挥基层党组织的带动引领作用解决粮食安全，是实现乡村振兴的一条重要路径。那么，粮食安全如何推动乡村组织振兴呢？

1. 乡村基层组织振兴是实现粮食安全的保障和驱动力

粮食安全就其本身来讲，主要包括耕地数量安全、耕地环境安全、粮食数量安全、粮食结构安全、粮食质量安全、从事粮食生产劳动力数量安全等几个方面，就其所衍生的系列化产业而言，还包括各种服务业和加工业。如何来保证这些产业的安全，谁来保证这些产业的安全，谁来监督这些产业的安全，答案就是乡村基层组织。而要发挥乡村基层党组织的作用，就必须实现乡村基层组织振兴，使乡村基层党组织充满活力、战斗力、感召力和引领力，这是实现粮食安全在内的系列产业的前提条件。没有活跃的能够发挥积极组织和引领作用的基层党组织，乡村的耕地总量安全就无法保障，耕地环保安全很难得以实现，乡村粮食结构的调整也会被忽视，粮食数量和质量问题也就无法解决，农民回归日园从事粮食生产的积极性亦无法调动和发挥，以粮食安全为轴心的各种产业也就无法有序、高效运营。因此，从实现和推进粮食安全及系列产业科学合理运营的角度讲，乡村基层组织振兴势在必行，这也是推动乡村基层组织振兴的直接外驱力和硬核要求。

2. 乡村基层组织振兴需要在粮食安全这个平台进行推进

乡村基层组织振兴是乡村振兴的一项重要内容，也是实现乡村振兴的领导保障。乡村基层组织振兴的实现需要有一个使乡村基层组织充分发挥作用、施展才能的平台，凭借这个平台可以严格组织管理、细化组织程序、明确组织分工、加强组织监督、强化组织引领、增强组织能力。以粮食安全为轴心的系列产业对于乡村组织振兴则是一个良好的平台。在粮食安全这个平台上，乡村基层党组织可以围绕粮食安全及系列化产业运营的具体内容和要求，明确工作思路，制订工作计划，做好任务分工，强化工作指导，加强工作引领，做好工作反思，不断提升能力。乡村基层党组织可以借助粮食安全为轴心的系列化产业的运行，使二者的工作实现无缝对接。同时，要提高基层党组织工作效率，就要建构和强化基层党组织队伍，增强基层干部队伍的组织纪律性，明确各部门的职责分工，并对各部门工作进行有效监督指导与考核评价，引导党员干部树立正确的政绩观。比如，就粮食安全中涉及的耕地数量和质量保障来讲，可以组成以村支书为组长，民兵连长、村民代表为成员的耕地安全保障推进小组，负责耕地数量和生态的保护，坚决避免对土地的侵占、掠夺、污染与破坏；就粮食数量与质量的安全来讲，可以成立以村主任为组长，村监委、农业技术员、会计、妇女主任、村民代表为成员的粮食安全监督小组，围绕粮食安全生产和粮食质量进行督促与监督，从而保证粮食数量与质量的安全；就在外务工农民回归土地并积极从事粮食生产而言，村基层党组织要在粮食品种选择、粮食生产过程指导、粮食存储与流通、粮食价格的提升上做文章，全心全意为农民服务，在促进和保障粮食安全的工作中，使自身组织、分工、能力得到加强完善和提升；对以粮食安全为轴心的系列化产业体系的运营和管理而言，要对基层党组织成员进行考核评价与奖惩，通过对粮食安全为轴心的系列化产业工作的质量和效率进行有针对性、分层次性的考核评价并施以相应的奖惩，从而最大限度地调动基层组织工作的积极性、主动性和创造性；通过对粮食安全及其系列化产业的管理，最大限度使乡村基层组织得以复苏与盘活，既完成实现粮食安全的任务，又实现乡村振兴的目标。

要想使以粮食安全助推乡村振兴这个目标真正落地，就要解放思想、实事求是，把粮食安全作为实现乡村振兴的切入点，把粮食安全作为乡村振兴的"启航器"，以粮食安全为轴心带动产业振兴，进而推动乡村振兴目标的实现。

句容以乡村休闲旅游助力乡村振兴的思考

乡村休闲旅游是乡村建设行动的有力抓手，是农业现代化和农村现代化一体设计、一并推进的有效举措，是"绿水青山就是金山银山"的点金石，也是持续实施句容市乡村振兴战略的助推剂。《句容市国民经济和社会发展第十四个五年规划和二〇三五年远景目标纲要》确立了"加快打造沪宁线重要创新创业、休闲旅游目的地城市"的使命担当，休闲旅游目的地建设是一项系统工程，必须最大限度延伸旅游的触角，尽可能发挥乡村休闲旅游对广大游客的吸附功能。句容市乡村休闲旅游如何助力乡村振兴战略，如何把句容市打造成休闲旅游目的地，本文对此做了调查和思考。

一、纵观"耕"与"作"，句容市乡村休闲旅游成效可圈可点

近年来，在市委、市政府的坚强领导下，句容市乡村休闲旅游扎根泥土，辛勤耕耘，奋力作为，呈现出蓬勃向上的良好局面，有力促进了农村地区的经济发展，极大拓宽了农村的就业途径，带动了农民脱贫致富，成为实施乡村振兴战略的有力抓手和重要支撑。

（一）政策催生效应明显

2012年以来，国家、省、市相继出台了一系列促进休闲农业和乡村旅游发展的利好政策。其中，不仅有综合运用强制性政策、引导性政策和二者兼而有之的混合性政策，还兼顾了休闲农业和农村旅游产业各种要素，强调休闲农业和乡村旅游的个性化和特色化

特征，涉及休闲农业和乡村旅游的政策支持力度越来越大，催生了一批乡村休闲旅游目的地。截至 2020 年年底，句容成功入选"国家全域旅游示范区创建城市目录"，全市共有全国乡村旅游重点村2 家、省乡村旅游重点村 3 家、镇江市乡村旅游特色村 3 家、镇江市乡村旅游民宿 5 家。

（二）综合开发效益初显

在市委、市政府的主导和推动下，乡村休闲旅游的内涵不断丰富，从单纯的体验观光产业扩展到农林牧副渔大农业，成为一个集体验观光、农业产销、游憩服务为一体的综合性产业。具体来说，在范围上不仅包含第一产业，还包含了农产品加工业、制造业和部分第三产业，如句容丁庄村利用葡萄初级农产品，延伸出葡萄籽油、葡萄脆等深加工产品，较大地提升了"三农"资源的综合开发效益。

（三）类型模式日益丰富

乡村振兴战略实施以来，休闲农业和乡村旅游得到全市上下的高度重视，各地不仅重视做大民宿、"农家乐"、生态采摘、观光农业等传统内容，还积极拓展自驾露营、康养旅游等生态旅游的若干领域。特别是以文化主题自驾游为代表的新型业态，为传统旅游注入了新动能。2021 年 4 月 22 日至 24 日，镇江市成功举办了第二届长三角自驾游产业发展大会暨 2021 中国大运河"驰骋文旅"活动，吸引了来自长三角地区和大运河沿线 40 多个城市的 300 多辆房车和近 1000 名自驾游车友齐聚镇江乡村，产生了良好的经济社会效益。

（四）发展方式逐步转型

近年来，句容市乡村休闲旅游告别"吃农家饭、住农家屋、干农家活"的初级产品阶段，逐步迈向文旅融合、绿色发展的转型升级阶段，相继出现了如天王镇的芝樱小镇那样兼具产业融合、功能复合为特征的田园综合体。一些镇、村如宝华的千华古镇、天王镇的唐陵村，在开发乡村旅游产品的过程中，开始重视对本地物质文化和非物质文化基因的传承，开始注重乡村民俗、乡土文化、地方节庆等特色化、差异化和多样化的文化符号与乡村休闲旅游产品的融合。

二、分析"忧"与"困"，句容乡村休闲旅游重点问题待解

近年来，句容市乡村休闲旅游虽然在规模和业态上取得了长足的进步，但也存在一些与旅游高质量发展不相适应的困难与问题，主要体现在以下几个方面：

（一）生态环境影响较大

由于农村基层组织及农村居民生态环境保护意识薄弱，环境治理体制机制不健全和急功近利思想的影响等多方面原因，乡村休闲旅游的快速发展也给生态环境带来了一系列问题。如一些农家乐依山而建，看似坐拥山林，实则破坏生态；个别民宿较集中的区域，由于没有同步规划建设污水处理设施，生活污水直排，成为农村水环境污染的重要源头之一；一些大型的以鲜花为主题的种植基地，为营造鲜花盛开时的视觉冲击效果，不仅随意改变种植区域的地形地貌，而且不加选择地引进不适合本地生长的花木品种，这些花木在培育过程中需要大量用水并施加相应的化肥农药，长此以往会给土壤、水体乃至生物自然多样性带来较大的不良影响。

（二）产品异质同构严重

对乡村本土文化，如江南农耕文化、地方手工艺品、地方戏曲传说等物质文化和非物质文化的挖掘不够，导致乡村休闲旅游产品缺乏乡土特色，丧失"乡愁"灵魂，如句容市各式花海的打造，句容市及周边范围内就有香海琴枫、伏热花海、芝樱小镇、花田喜事、薰衣草庄园、郁金香公园等近10个规模较大的人工种植花草主题公园。这些花草主题公园，一方面，会带来严重的潮汐现象，

花开时节游人如织，秋冬季节满目萧条；另一方面，由于产品观赏感雷同，运营模式基本一致，其对城镇居民缺乏持久的吸引力，很难激发"回头"效应。

（三）休闲需求重视不足

乡村休闲旅游的本质是城镇居民暂离城市生活，体验具有原生性的农业生产和农村生活方式，它兼具观光游览和度假休闲双重属性。然而，在短期利益驱动下，产品经营者往往较为重视消费属性，多围绕"农家乐"来吸引游客，重点打造农事观光、瓜果采摘等一次性消费项目，对乡村生活方式的参与体验式消费需求重视不足，康养度假、慢生活体验等休闲旅游度假功能较为欠缺。

（四）服务水平亟待提高

国家虽然早在 2018 年就明确提出要建立健全住宿、餐饮等乡村旅游产品和服务标准，完善乡村旅游基础设施配套标准，但由于乡村休闲旅游产品的多样性、经营者管理水平的局限性等，各地在操作过程中很难严格执行，乡村休闲旅游的标准化程度需进一步提高，同时，乡村休闲旅游初级产品需要与时俱进迭代更新和转型升级，"旅游创客"的缺失成为当前句容市乡村休闲产品缺乏迭代更新的症结所在。

（五）基础设施有待加强

句容市虽然一直重视推进乡村公路景区停车场地等旅游基础设施建设，但与周边市、县相比，句容发展乡村休闲旅游的基础相对薄弱，句容市虽被授予"长三角自驾游示范目的地"铜牌，但没有一个标准化自驾游旅居基地，无论是规模还是体量都不能满足举办大规模旅游活动的需求。

三、立足"绿"与"心"，休闲旅游目的地打造未来可期

随着居民生活水平的提高和城市生活压力的不断增大，乡村休闲旅游这一新的旅游形式为越来越多的城镇居民所青睐，产业规模

增长迅速。据《全国乡村产业发展规划（2020—2025年）》预测，到2025年我国休闲农业的年接待规模将达到40亿人次，营业收入将超过1.2万亿元。届时，习近平总书记所说的城乡两个要素市场的自由流动将变成现实。乡村休闲旅游要成为句容市乡村振兴的生力军，扛起打造休闲旅游目的地的使命担当，必须擦亮绿色基座，从"心"定义自己，为此建议：

（一）生态建优，使山水容颜成就美丽经济

句容山体众多，河湖遍域，"草木植成，国之富也"，良好的生态本身蕴含着经济社会价值，我们要深入践行生态理念，诚心念好山水真经，以绿水青山的靓丽容颜吸引八方来客。一是做好山水规划。统筹安排生产、生活、生态用地，从顺应山水自然环境、传承历史文化、塑造弹性应变空间等角度出发，不断优化各类规划，努力实现土地利用、环境保护、文物保护等各专项规划的多规合一。二是加强生态治理建设。在深化首批国家生态文明先行示范区和江苏省生态文明综合改革试点县（市）建设、精心组织低碳大会、科学打造低碳市品牌的同时，坚持生态环境保护惠民、生态文明建设利民、生态绿色发展为民，推进山水林田湖草一体化保护和修复，在系统治理中保持生态完整性，提高生物多样性，推动山体复绿、水系畅清、林草繁茂。三是融入山水生活。在以科技创新引领制造业转型升级的同时，在广大乡村大力发展绿色生态农业、创意农业、休闲农业、认养农业，推进住户下山、建筑离山、草木上山、文化进山，通过塑山理水，呈现山水意境，建设美丽"三园"（公园、田园、家园），把绿水青山蕴含的生态价值转化为人民幸福生活的增长阶梯，让游客和居民在青山绿水间追寻诗和远方。四是拓宽资金"绿"道。在做实"金穗行动"、推动"生态贷"等绿色金融产品的同时，试点探索生态产品价值实现机制，出台生态产品价值核算技术办法，让山田林水甚至空气都成为"有价之宝"，有效破解农村农民融资瓶颈，为乡村休闲旅游发展引来金融活水。

（二）基础夯实，为高质量发展提供硬核支撑

首先，加强硬件建设。重点整治、分类推进乡村旅游地区的厕所卫生、污水处理、垃圾处理等短板环节，完善农村生活垃圾收运处理体系、厕所粪污治理和行政村生活污水处理设施全覆盖。完善乡村旅游公共服务设施，着力解决乡村地区的旅游咨询服务、旅游信息提示、旅游厕所、标识标牌、旅游紧急救援等公共服务设施和旅游安全服务体系的建设。出台相关激励政策，撬动市场力量，加快建设几个标准高、体量大、设施全的自驾游露营地、旅游集散中心等。其次，提高文明素养。在农村居民中大力开展文明素养提高行动，倡导积极健康的生活方式和行为习惯，加强对农村居民的生态文明教育，让尊重自然、顺应自然、保护自然的理念内化于心，外化于行，努力实现人与自然和谐共生。最后，推进人才振兴。一方面，要选齐配强镇、村领导班子，创新举措，引进有理想、有情怀、有眼界、有能力的乡村振兴人才，让他们在绿色的田野上心无旁骛耕耘，实现人生价值。另一方面，要在因地制宜发挥地方高校教育资源优势的同时，探索柔性用人机制，着力培养和引进长于市场运作的"旅游创客"。此外，还要充分挖掘农村地区的传统艺人和特色手工业者，设立乡村旅游工匠坊，开展传承传统技艺的研习培训活动。

（三）从"心"定义，让游客尽情体会原味生活

学会换位思考，注重从游客舒心体验、安心休闲的角度来打造旅游产品、营造心游意境。一是融入文化元素。依托本地自然山水和宗教文化，在茅山、宝华山等地为需要静养的游客创建修养坊，通过特定的情境设置，激发其崇尚自然、热爱自然的绿色情怀，让他们在清幽环境中学儒家"天人合一"思想，品道家"道法自然"文化，悟佛家"戒""定""慧"三学真谛，赋予乡村休闲旅游以文化教育意义和修身养心功能。二是浓厚乡土气息。在坚守乡村原生态、原生活和原文化的基础上，探索乡土文化更加生动、多样的表达方式，结合当地的自然风光和民俗文化等资源禀赋，打造出错位竞争、主题鲜明的乡村休闲旅游产品。三是突出参与体验。做大做强康养基地，着力打造增加体验及互动的休闲体验文化基地，如科学规划仑山湖周边采石宕口及矿山沉降区，依势造型建成集观光与蓄能发电为一体的功能型水库，结合广有名气的温泉，在仑山地区打造康养休闲边城小镇。又如适当建设场地，充分发挥剪纸、花灯、竹器编织、豆腐制作、木艺制作等具有现场艺术表演、技法培训、角色体验及观众互动等功能的活动，做足"寻根"和"化俗"的文章，努力留住"泥土的芬芳""岁月的味道"，让乡愁看得见、听得到、摸得着。

（四）数字赋能，为乡村休闲旅游插上起飞翅膀

缺乏营销推荐，好山好水一样也会养在深闺人未识，当今时代，乡村休闲旅游的高质量发展离不开数字赋能。首先，依托互联网平台，促进创新创业。要推动互联网平台和分散的乡村旅游资源紧密结合，强化线上推广和品牌营销，塑造乡村旅游目的地智慧化形象。与此同时，推动乡村休闲文化和民俗文化数字化，使乡村文化符号"活起来"。其次，加强乡村旅游数字化营销。一方面，整合地区所有景点、酒店、民宿和农家乐等乡村旅游资源，开发具有一体化信息查询、内容展示、产品销售等功能的乡村旅游平台；另一方面，发力新媒体社交营销。充分利用抖音、快手、微信等社交软件，开展"网红"直播带货，精准营销优质农副产品和特色乡村旅游产品。最后，打造突出典型。整合市区、镇、村及工商资本等各要素，选择丁庄葡萄、茅山湖康养风情小镇等典型进行重点打造和推荐，使其尽快"跑起来"，最大限度发挥乡村休闲旅游的磁场效应。

（五）融合为要，共奏高质量发展交响乐章

一方面，深化产业融合。将乡村休闲旅游放在句容全域旅游框

架中统筹考虑，大力推进"乡村休闲旅游+"行动，如推进"乡村休闲旅游+农业"融合发展，积极引导农业旅游品牌化开发，引导农业生产空间景观化，丰富农旅产业类型和体验方式。另一方面，强化区域融合。更加积极融入长江经济带、长三角一体化等国家战略，做好宁镇扬一体化文章，句容应更加主动地融入南京。大力发展"乡村旅游+生态体验"模式，推动乡村休闲旅游业与南京形成有效互补，打造高质量发展新增长极。主动融入宁杭生态经济带建设，以省道S122、规划建设的扬镇宁马城际为轴线，因地制宜发展现代农业、生态旅游、健康养老等特色生态经济，打造面向南京、上海、杭州等城市群服务的休闲旅游目的地。

培育新型职业农民　助推乡村振兴战略

　　新型职业农民队伍是助推乡村振兴战略的一支重要力量，如何培育好这支队伍，当前培育工作面临哪些困境，如何有效破解，是值得认真研究的重要课题。基于此，本研究通过政策梳理、实践回顾、问卷调查，结合发现的现实问题，提出相应的对策建议。

一、政策背景

　　2017 年，习近平总书记在党的十九大报告中提出，实施乡村振兴战略，按照产业兴旺、生态宜居、乡风文明、治理有效、生活富裕的总要求，构建现代农业产业体系、生产体系、经营体系，培育新型农业经营主体，造就一支懂农业、爱农村、爱农民的"三农"工作队伍。2019 年颁布实施的《中国共产党农村工作条例》又明确提出，培养一支有文化、懂技术、善经营、会管理的高素质农民队伍，造就更多乡土人才。研究分析历年中央一号文件关于新型职业农民培育的提法及政策导向也可以发现，中央一直非常重视农民的成长和培育，强调农民的"新型化""职业化""高素质化"，如 2007 年中央一号文件《中共中央　国务院关于积极发展现代农业扎实推进社会主义新农村建设的若干意见》提出，要培养"有文化、懂技术、会经营的新型农民"，造就建设现代农业的人才队伍；2012 年中央一号文件《中共中央　国务院关于加快推进农业科技创新持续增强农产品供给保障能力的若干意见》首次提出，要大力培育新型职业农民，并把新型职业农民培育上升到国家战略发展的层面；2020 年中央一号文件《中共中央　国务院关于抓好"三农"领域重点工作　确保如期实现全面小康的意见》又提出，要加快构建高素质农民教育培训体系，培养更多知农爱农扎根乡村的人才。可以看出，历年的中央一号文件关于培育新型职业农民的说法上有所变化，但根本任务和发挥作用是一样的，那就是破解农民主体性缺失困境，充分发挥新型职业农民的主体性地位，激发其主体意识，提升其主体能力，为新时代乡村振兴战略提供强大的可持续的内生新动能。

二、探索实践

一直以来，句容市高度重视新型职业农民，特别是乡土人才的培养，市委、市政府将其作为一项党建工程、人才工程和富民工程，充分发挥他们在乡村振兴中的浸润作用，形成了有地方特色的经验做法，得到国家、省、镇江市各级领导的充分肯定。2018 年，江苏省政府出台了《关于学习推广"戴庄经验"推动生态农业建设的意见》，把"创新乡土人才培育新模式"作为 4 条经验中的重要一条，要求在全省学习推广。梳理以往的经验做法，其内容主要体现在 3 个方面：

1. 激活新型职业农民培育机制

句容市重点围绕制度、平台、要素"三个强化"，为培育农业人才提供了良好的生态环境。一是强化顶层设计。近年来，句容市先后制定出台了《新型职业农民培育工程实施方案》《乡土人才选拔培养办法》等文件，建立了涵盖现代农技、传统工艺、乡土建筑等行业的农业人才信息库。农业人才成为全市人才工作的重要方面，农业项目成为福地英才计划的重要内容，新型职业农民成为打开乡村振兴局面的金种子、金钥匙。二是强化平台功能。鼓励和支持新型职业农民牵头成立各种形式的专业合作社、协会、产业联盟，葡萄、草莓、苗木、草坪等专业合作社如雨后春笋，丁庄葡萄在丁庄万亩葡萄专业合作联社的打磨下，成为句容的一张金名片，2020 年在上海开业的大热的 COSTCO 大型超市，丁庄葡萄作为国内唯一葡萄供货商进驻。句容市农业农村局专门成立句容市青年职业农民协会（以下简称"协会"），为青年职业农民量身打造专门的公共服务平台。目前，协会拥有会员 120 多人，聚焦新型职业农民培育、乡土人才培养、产业提升和农民创业创新等内容，为广大新型职业农民更好地创业创新、教育培训、品牌营销等提供服务。三是强化要素支撑。为全力打好"亚夫牌"，句容市高规格组建"亚夫团队工作室"，由赵亚夫亲自担任总顾问，33 名有影响力的专家组成技术团队，形成了"亚夫团队工作室+地方分室+农业专家+乡土人才+种养大户"的工作架构。

2. 打通新型职业农民成长渠道

句容市重点通过双向交流、校企合作、培训实效"三项突出"措施，让爱农业、善经营、有潜力的农业人才"破土而出"。一是突出双向交流。句容坚持"请进来、走出去"，在全省乡土人才培养上首开国际化交流大门，与日本农文协签订中外合作、双向互动的人才培养协议，制定农业人才培养合作蓝皮书，由日本方面定期派专家现场授课和指导，句容市定期选派"葡三代""莓二代"等新农人赴日参与合作项目，全力提升标准化种植、土壤改良、疏花疏果等硬核技术。二是突出校企合作。通过深化校地产学研合作，句容市与南京农业大学共建葡萄产业研究院、草坪研究院，与江苏省农科院共建草莓产业研究院，与江苏农林职业技术学院签订新型职业农民战略合作培养协议；开设涉农成人教育大专班和本科班，通过"半农半读"灵活学制教育，提升句容农业人才的学历层次、技术等级。三是突出培训实效。句容市先后承担 12 期全国贫困村创业致富带头人、4 期农业农村部农村干部培训现场教学任务。句容乡土人才队伍壮大到 2100 多人，其中 16 人入选省"三带"人才，并涌现出"草莓大王"纪荣喜、"葡萄王子"方应明等全国劳模。

3. 放大新型职业农民培育功效

句容市坚持面向市场、聚焦特色、强化带动，让新型职业农民成为乡村振兴中的"香饽饽"。一是切实发挥市场主体作用。通过购买服务、市场化运作等方式，积极探索"公司+基地+农户""学校+合作社+农户"的培育模式，并重点面向产业、融入产业、服务产业，确保新型职业农民培育与产业不脱钩、与市场不脱节。二是切实聚焦特色产业发展。通过"研究院+产业园"创新示范基地建设，为句容市特色产业高质量发展提供关键技术平台。全市组建6个农业产业技术创新战略联盟，在农业乡镇重点打造4个乡土人才产业园，支持有项目基础的优秀乡土人才扩大生产规模。三是切实发挥示范带动效应。通过组织开展"十佳新型职业农民"评选、乡土人才技能大赛等活动，激发青年有志之士返乡下乡、投身农业、建设乡村，形成"带出先进典型、带领技术传播、带强产业发展、带动群众致富"的"四带"效应。据统计，2020年句容返乡下乡创业人数达到664人，大学生返乡创业渐成"归潮"之势，他们对脚下的土地越来越有信心，并逐渐成长为乡村振兴的生力军。

尽管句容市在新型职业农民培育上取得了一些亮点成绩，但是从整体来看，当前农民主体的结构性矛盾依然存在，与全面实施乡村振兴战略的要求还有较大差距，农民培育的任务依然任重道远，高素质农民的队伍仍需壮大。为深入了解句容参加新型职业农民培训的人员结构和整体素质，笔者采取调查问卷方式，于2019年年底在2个农业重点镇（白兔镇、茅山镇）对297名农民开展调研，掌握了一手资料，为有针对性地提升农民整体素质提供了重要支撑。

从调查对象的性别结构看，男性占比63%，女性占比37%，男性高出女性26个百分点。这说明，参与新型职业农民培训人员以男劳动力为主，女劳动力仍处于次要位置。从受教育程度结构看，小学及以下占18.9%，初中占63%，高中占12.5%，大学及以上占2.7%。这说明，参与新型职业农民培训的对象整体受教育水平不高，初中及以下超过80%，影响农业科技和经营管理理念的转化效率。从年龄结构看，35岁及以下占3.7%，36~50岁占23.9%，51~60岁占41.1%，61岁及以上占31.3%。这说明，51岁及以上人员是参与新型职业农民培训的主体，占72.4%，平均年龄达到55.8岁，中青年仅居于次要位置，从侧面也反映出句容市农民的"老龄化"问题。参与新型职业农民培训的人员整体呈现"男性化""低文化""高龄化"的结构特点，与新型职业农民培育的内涵和助推乡村振兴的目标还存在相对脱节现象。

三、对策建议

如何培育现代新型职业农民，更好地助力乡村振兴战略，"回答好'镇江很有前途'，决胜高水平全面小康"，围绕这一任务，本次调研提出如下思路和相应对策。

（一）明确一个总体思路

瞄准高素质农民培育方向，坚持以习近平新时代中国特色社会主义思想为指导，深入贯彻落实党的十九大和十九届二中、三中、四中全会及《中国共产党农村工作条例》精神，坚持围绕"十四五"农业农村经济发展的总体目标和中心任务，在全面总结并充分借鉴以往农民教育培训经验做法的基础上，科学界定高素质农民的内涵、培养对象及特征，创新和完善农民教育培训的体制机制和政策体系，实施农民教育培训重大工程，采取多种职业农民教育培训形式，满足农民的多样化教育培训需求，着力培养一支有文化、懂技术、善经营、会管理的高素质农民队伍，为实现乡村振兴战略、推进农业农村现代化提供坚强的人才支撑和智力保障。

（二）完善一套机制体系

从以往培育经验分析，重培训、轻管理，重数量、轻质量，重任务完成、轻效果评估是普遍存在的问题。多年来的工作实践和现实中存在的问题倒逼培训工作要坚持问题导向，坚持需求方向，坚持从注重数量向数量与质量并重转变。应尽快建立健全教育培训、认定管理、多方扶持"三位一体"的培育制度体系，着力在教育培训上下功夫，在认定管理上做文章，在多方扶持特别是在政策扶持上求突破，在培育效果上见实效，让三大环节环环相扣、集成配套。应将现有多头管理、条块分割的农民教育培训体制转变为由农业农村部门统一管理，凡涉及农业农村发展的关于农民的教育培训财政资金，统一归口到农业农村部门，形成集聚效应，实现一个部门抓总、多个部门配合的大格局。应整合优质教育培训资源，构建以中央农业广播电视学校为主体，涉农院校为补充，其他涉农机构参与的、学历教育与技能培训相结合的农民教育培训体系。针对农民现有学历层次和技能状况开展差异化教育培训，实行资源共享，优势互补，共同发展，不断提升高素质农民的学历层次和专业技能。

（三）实施一系列重大工程

围绕《中国共产党农村工作条例》关于高素质农民"有文化、懂技术、善经营、会管理"的 12 字要求，实施高素质农民学历教育、技能培训、机构认定、师资建设、定向扶持等一系列重大工程，着力解决当前农民学历程度不高、技能推广不佳、年龄结构老化等问题。

1. 实施高素质农民学历教育工程

健全高素质农民学历教育体系，完善农民学历教育培养方案，支持涉农院校成立农民教育学院（系），实行自主招生，注册免试入学，根据农民的学历教育意愿，每年分批选派优秀农民分层次（高中及以上）、分专业（种植、畜牧养殖、水产养殖、农业工程、经济管理）、分方式（全脱产、半脱产）免费接受学历教育。在农业重点县、市和重点乡镇鼓励探索"送教下乡、农学交替、弹性学村"等模式，以实践教学为主、理论教学为辅，实现专业理论与产业发展对接，教学过程与生产过程对接。学历教育既能够提升高素质农民的教育层次，又能够推动农民所从事产业的进一步发展。

2. 实施高素质农民技能培训工程

按照分级别（初级，中级，高级）、分类型（如生产型、经验型、管理型）、分产业（一、二、三产业）原则，重点根据技能培训意愿，做到农民需要什么技术就培训什么技术，做到因地制宜分层培训、因人制宜分类培训。坚持组建"土专家"与"洋专家"组合拳师资队伍，采用"一点两线"（以促进产业发展为基本点，围绕生产、经营两条主线）、"四大课堂"（空中课堂、固定课堂、流动课堂、田间课堂）、"全程跟踪"等形式，强化参与式和实作式培训，做到以故事的形式直观、通俗地传授理论和实践知识。

3. 实施高素质农民机构认定工程

按照政府引导、市场主导原则，由农业农村部门明确机构认定条件，制定机构认定标准，将具备培养能力的农业广播电视学校、各类农业技术推广服务机构、涉农院校、农业科研院所和涉农企业、农民专业合作组织、家庭农场等择优确定为培养机构，充分发挥市场配置资源的作用，支持社会力量承担农民教育培训任务。农业农村部门应加强对高素质农民培养机构的全过程管理，建立动态管理和奖优罚劣机制，提升培养机构的可持续发展能力。

4. 实施高素质农民师资建设工程

建立健全开放共享的农民教育培训师资库，制定农民教育培训师资考核体系，把具有丰富实践经验的乡土人才、"土专家"和"田教授"积极吸收进师资库，承担农民教育培训的教师必须通过考核。支持涉农院校、农业科研院所组建教授专家团队，以及农业劳模、青年人才、农二代等组建高素质农民专家团队，对当地农民实行结对技术指导。

5. 实施高素质农民定向扶持工程

由农业农村部门牵头，联合教育、财政、人社、科技、自然资源等部门，对获得学历证书或技能培训证书的农民给予项目、资金、职称、社保、基建等专项扶持。特别是要健全现有农民社保补贴制度，全面落实农民职称评定政策，将农民纳入当地职称管理体系，使其享有与专业技术人员聘任同等的待遇。对学以致用的优秀农民，所在政府应优先推荐为劳动模范、人大代表、政协委员、党代表、镇村领导的候选人等。总之，要让真正有文化、懂技术、善经营、会管理的高素质农民安心农村，专心农业，为全面实施乡村振兴战略提供人才支撑和智力保障。

句容以农产品新时代品牌建设促乡村振兴

实施乡村振兴战略，是党中央做出的重大战略部署，是"强富美高"新江苏建设的重大任务，是广大农民群众的殷切期盼，是新时代"三农"工作的新旗帜。农产品品牌建设，是乡村振兴的关键支撑，是促进产业兴旺、提升农业发展质量、培育乡村发展新动能的内在要求，是做强农业优势特色产业的主要路径和方向，是促进农业可持续发展的重要推动力，可谓势在必行、任务紧迫。

打响句容农产品品牌，是句容转变农业发展方式、加快脱贫攻坚、提升农业竞争力和实现乡村振兴的战略选择，是推动句容乡村振兴走在全省前列的重要举措。

一、加强农产品品牌建设是实施乡村振兴战略的现实选择

品牌化是农业现代化的重要标志，是实现乡村振兴的重要驱动力。"产业兴旺"是实现乡村振兴的基础，培育农业品牌则是发展农业的重要切入点和抓手。加强农产品品牌建设，有利于促进传统农业向现代农业转变，有利于提高农产品质量安全和市场竞争力，有利于实现农业增效和农民增收。加强农产品品牌建设的意义如下：

1. 是引领产业升级、实现高质量发展的重要抓手

习近平总书记提出："中国制造要向中国创造转变，中国速度要向中国质量转变，中国产品要向中国品牌转变。"乡村振兴，产

业兴旺是首位。品牌代表着消费结构和供给体系的升级方向，是对产品质量的信心。推进品牌建设，有助于农业由增长导向转向提质导向，促进资本、技术、信息、人才等要素向农业农村流动，加快构建现代农业产业体系、生产体系、经营体系，提高农业全要素生产率，培育农业农村发展新动能，助力农村一二三产业融合发展。

2. 是挖掘资源优势、推进脱贫攻坚的重要举措

习近平总书记指出："要更加重视促进农民增收，让广大农民都过上幸福美满的好日子，一个都不能少，一户都不能落。"实现乡村振兴，脱贫是前提。一个品牌可以带活一个产业，富裕一方农民。推进品牌战略，有助于将贫困地区的生态、人文等资源优势转化为发展优势和市场优势，发挥品牌溢价功能，让贫困地区优质农产品卖出好价钱，促进地方经济发展和农民增收致富。

3. 是倡导绿色发展、促进生态文明的重要驱动

乡村振兴，绿色发展是遵循。绿水青山就是金山银山，绿色是农产品品牌的本质属性。推进品牌建设，有助于将绿色发展理念贯穿农业生产经营全过程，构建绿色产业链、价值链，推进农业绿色化、优质化、特色化、品牌化，创造绿色效益，实现产业与生态的共建共享。

4. 是弘扬工匠精神、打造知名品牌的重要支持

倡导培育工匠精神，是推进农业供给侧结构性改革的需要。当前，我国经济正处于新旧动能转换关键时期，培育新的增长动能，最根本的就在于以供给侧结构性改革为主线，依靠新技术、新产业、新业态、新模式发展新经济，改造提升传统产业。大力弘扬工匠精神，让工匠精神融入现代农业生产与管理，这是中国品牌以全新姿态绽放世界舞台必不可少的利器。

5. 促进品质消费，满足消费升级需求

习近平总书记提出："粮食也要打品牌，这样价格高，效益好。"发挥品牌的创新与引领作用，是培育经济发展新动能的重要

途径。随着我国经济发展，居民收入快速增加，中等收入群体持续扩大，消费结构不断升级，消费者对绿色生态品牌农产品的消费提出了更高要求，更加注重品质，讲究品牌消费，呈现出个性化、多样化、高端化、体验式消费特点。发挥品牌引领作用，有利于引领消费，创造新需求，树立自主品牌消费信心，挖掘消费潜力，更好发挥需求对农业产业增长的拉动作用，满足居民消费升级需求，扩大国内消费需求。

二、新时代句容农产品品牌建设进入全面转型的新阶段

2014年12月13日，习近平总书记在江苏调研时提出"五个迈上新台阶"，其中第二条就是强调要"推动现代农业建设迈上新台阶"。这是习近平总书记对"三农"工作的要求，是对江苏农业发展的殷切希望，句容始终把习近平总书记的重要讲话精神作为推动高效农业建设、加快农业现代化发展的思想引领和力量源泉，以品牌建设为先导，推动农业供给侧结构和需求侧结构升级，提升农业产业竞争力。

1. 统筹推进，提升质量品牌

通过实施优势农产品三年提升计划，句容形成了积极创建品牌的良好氛围。一是以农产品质量品牌建设为抓手，以集聚抱团发展、推广新技术新品种、扩大种植规模、完善科技服务、培育新型职业农民为重点，通过政策引导加快推进句容的茶叶、葡萄、草莓等优势特色产业提档升级。二是以农民增收、农业增效为核心，充分发挥真山真水的资源禀赋，瞄准高端市场，坚持精品路线、结构调整，打造特色产业，促进农业发展方式转变，形成了优质稻米、高效园艺、特种水产、花卉苗木、休闲观光五大特色优势产业，资源优势逐步变为品牌优势和市场优势。三是白兔草莓、丁庄葡萄、戴庄大米等享有盛名，"茅山长春"成为全省第二大茶叶品牌，农业专家赵亚夫成为全国"三农"人物，镇稻系列水稻品种培育获得

全国科技成果奖，稻鸭共作、蔬菜防虫网、茶叶防霜扇、土著菌养殖等一批科技新技术在全省产生了较大影响。

2. 创新理念，发展休闲观光农业

句容全市共有各类休闲观光农业经营个体数 184 个。农事节庆开展得如火如荼，培育了诸多节庆品牌，如句容（下蜀）稻美茶香节、天王樱花节、白兔草莓节、后白郁金香节等。示范创建成效显著，具有 20 多个规模较大的休闲农业景点。品牌特色初显，初步形成了郭庄休闲购物、宝华休闲垂钓，以及天王、茅山观光采摘等休闲观光农业区域特色；打造了丁庄葡萄采摘和句容空气凤梨壁画、五谷杂粮粘贴画等休闲农业创意产品。

3. 培育品牌，增强市场底气

坚持质量与品牌并重，做到"四个一"联动：论证一个"三品"（无公害、绿色、有机），培植一个品牌，带动一项产业，致富一方农民，不断放大质量和品牌的综合效应。茅山老鹅、三岔猪头肉等传统农产品品牌得到巩固和发展，"茅山长青"茶叶、"继生"葡萄、"玉兔"草莓、"戴庄"大米等新自主创立的品牌农产品相继在国内、省内获得金奖、银奖。

4. 强化营销，品牌影响大幅提升

充分借助现代传播手段，开展营销推介活动，农业品牌的知名度、影响力显著提升，在全社会营造了"宣传品牌、支持品牌、发展品牌、保护品牌"的良好氛围。

近年来，虽然句容农产品品牌发展情况良好，但是，能在全国消费者中叫得响的农产品不多。比如"茅山长青"茶叶相比于南京的"雨花"茶、苏州的"碧螺春"茶，其知名度还有较大差距。究其原因，句容在农产品品牌建设上存在三大问题：一是品牌小、杂、乱、弱，没有形成"超级单产"，缺少领军的拳头品牌。二是企业品牌意识不够强，很多企业不重视"三品一标"认证，不少企业只注重商标和品牌的申报，在经营品牌和创新营销等方面做得不够。三是品牌创建推进力度不够。

三、推进新时代农产品品牌建设，打造句容乡村振兴亮丽名片

1. 强化顶层设计，统筹协调形成品牌建设工作合力

推动农业产业品牌化发展，一是坚持政府引导，发挥政府在顶层设计、规划布局、政策支持、标准制定、评选认定、监督管理等方面的引导作用，营造有利于培育和发展农产品品牌的良好环境，全面推进句容农业品牌战略的实施。二是发挥农业企业、农民合作社等新型农业经营主体在农产品品牌建设中的主力军作用，通过标准化生产、规模化经营、规范化管理、文化挖掘和科技创新等手段，创建知名品牌，拓宽推广渠道，提升品牌价值。

2. 强化品牌农业发展支撑体系，创新发展现代供应链

结合句容本地特色农业，优先选择稻米、果品、茶叶、水产等重要农产品，立足区域特色优势，发挥品牌先导作用，充分发挥农业产业化龙头企业示范引领作用，推动供应链资源集聚和共享，打造联结农户、新型农业经营主体、农产品加工流通企业和最终消费者的紧密型农产品供应链，构建完善全产业链各环节相互衔接配套的绿色可追溯农业供应链体系。一是加快农村电商发展，整合地方农村产品资源，培育一批特色突出的电商品牌，培育乡村振兴新动能。二是推进农产品流通现代化，促进农业产业兴旺。完善农产品产销衔接体系，延伸农业生产产业链，与新型农业经营主体开展合资合作，以及直采直销、订单农业等合作，打造产加销一体化农产品供应链，培育农产品品牌。三是加强城乡物流体系建设，带动城乡融合发展。开展物流标准化、冷链信息化体系和食用农产品、食品等追溯体系建设，构建为农服务品牌。

3. 强化品牌培育，打造区域公共品牌

准确把握句容农业发展的特点和趋势，引导优势农产品和特色

农产品向优势产区集中，打造优势农产品产业带，形成建设一个基地、带动一个优势产业、培育一系列品牌产品的格局。努力构建在国内外具有较强影响力的农业品牌集群，扶持打造一批国家级区域公共品牌、中国特色农产品品牌和具有国际竞争力的企业品牌。建立农产品品牌评价、推介机制，定期向社会推介一批影响大、效益好、辐射带动强的"句容农产品品牌"。

4. 强化品牌保护，推动农业品牌健康发展

加强农产品品牌信用分类管理和目录管理，完善信用"黑名单"制度，以农产品治理"创牌立信"活动为抓手，不断提高农产品质量和经营管理水平。加强品牌保护和品牌监管，建立准入和退出机制，将农业品牌目录作为统一组织发布农业品牌权威信息，指导地方政府和农业生产经营者创建品牌、引领品牌消费的重要平台。

5. 强化品牌营销，唱响品牌故事

围绕扩大句容农产品社会影响力、公信度和市场竞争力，着力构建产业品牌宣传、展示、交流、交易平台。一是搭建品牌农产品营销推介平台，整合大型农产品批发市场、电商平台、各类推销推介平台。各类商超等组织深入特色农产品产地、集散地、销地，开展经销商进产地、扶贫营销促销、农商互联、特色农产品进社区等多种形式的产销对接活动，拓宽品牌农产品销售渠道。集中组织全市品牌企业抱团整体入驻淘宝"天猫"生鲜馆、京东商城江苏农产品馆，以及苏宁易购中华特色馆、江苏馆等电商平台，努力发挥"互联网+句容农业品牌"整体效应。二是借助新闻媒体讲好品牌故事，支持句容农产品品牌在中央电视台、《人民日报》等国内主流媒体开展专题宣传推介。

6. 扶持品牌建设，制定激励政策

积极发挥财政资金引导作用，带动更多社会资本投入，支持区域品牌发展。进一步加大对农产品品牌建设的资金和信贷扶持力

度，优化支出结构，吸引社会资本共同参与，为农产品品牌建设提供有效保障，积极争取品牌建设奖励政策，对获得中国驰名商标、地理标志商标、国家地理标志保护、国家生态原产地保护的产品，以及创建国家级生态原产地保护示范区、国家有机产品认证示范区等给予特别奖励和补助。

7. 弘扬工匠精神，构筑品牌高地

品牌体现着企业创新的智慧和制造的品质，也倾注了生产者的情怀。做大做强句容农业品牌，需要政府弘扬像"时代楷模"赵亚夫一样的工匠精神，传承追求卓越品质、精益求精的匠心精神，为句容打造更多的农业农村创新型领军人才和企业，发挥品牌的创新与引领作用，生产高端农产品、差异化农产品、品牌化农产品，提高品牌附加值和含金量，促进句容农村建设加快迈向产业链中高端，传承"匠人"精神，让"工匠精神"打造句容农产品的"金字招牌"。

以高质量发展推动句容乡村振兴

党的十九大做出实施乡村振兴战略的重大部署，顺应了亿万农民的新期盼和农业农村发展新需求，意义重大、影响深远。实施乡村振兴战略，是党中央做出的重大战略部署，是"强富美高"新江苏建设的重大任务，是广大农民群众的殷切期盼，是新时代"三农"工作的新旗帜。2018 年是农村改革 40 周年，也是党的十九大提出实施乡村振兴战略的开局之年。在新时代新征程中，句容要以习近平总书记视察镇江的指示精神为遵循，大力推进乡村振兴，以习近平新时代中国特色社会主义思想为指引，以人民对美好生活的需要作为深化农村改革和乡村振兴的目标和动力，推动农业全面提升、农村全面发展、农民全面进步，以时不我待的精神，在高质量发展中实现追赶超越，谱写新时代乡村全面振兴新篇章。

一、把握新时代，推进乡村振兴战略

新时代，要将我国农业农村发展推向一个更高的水平，就要清醒认识新时代"三农"工作的新特点、新机遇。正是在这一大背景下，具有鲜明时代性、战略性和方向性的乡村振兴战略才应运而生。

（一）"三农"发展新坐标

党的十九大报告高度重视"三农"工作，强调"农业农村农民问题是关系国计民生的根本性问题，必须始终把解决好'三农'问题作为全党工作重中之重"，并提出"实施乡村振兴战略"。

大力推进乡村振兴，并将其提升到战略高度、写入党章，这是党中央着眼于全面建成小康社会、全面建成社会主义现代化强国做出的重大战略决策，是加快农业农村现代化、提升亿万农民获得感和幸福感、巩固党在农村的执政基础和实现中华民族伟大复兴的必然要求，为新时代农业农村改革发展指明了方向、明确了重点。

（二）新要求　新作为

新的历史背景下，农业农村发展到了新阶段，提出了新要求。与社会主义新农村建设提出的生产发展、生活富裕、乡风文明、村容整洁、管理民主的要求相比，党的十九大报告提出了"产业兴旺、生态宜居、乡风文明、治理有效、生活富裕"的乡村发展总体要求，是一种更高层级的发展目标和要求。因为，农业现代化与农村现代化密不可分，只有农业和农村的共同现代化才能使人留在农村，最终推动农业全面升级、农村全面进步、农民全面发展，让农村成为安居乐业的美丽家园。

（三）新机遇　新迈进

新时期增强农业农村动能，推进乡村振兴，根本还要靠深化改革。中国特色社会主义进入新时代，我国经济已由高速增长阶段转向高质量发展阶段，我国农业农村发展在取得巨大成绩的同时，也面临着速度变化、结构优化、动力转换的新任务。当前，农业发展进入了新阶段，核心任务是实现高质量发展。把高质量发展作为主要导向，把实施乡村振兴战略作为"三农"工作总抓手，突出农业供给侧结构性改革这条主线，按照"产业兴旺、生态宜居、乡风文明、治理有效、生活富裕"总要求，高举乡村振兴旗帜，奋力开创新时代江苏"三农"工作新局面。

二、句容农村改革 40 余年变化

40 余年来，尤其是党的十八大以来，在以习近平新时代中国特色社会主义思想指引下，在党中央、国务院的坚强正确指导下，我国农业支持保护政策体系不断完善，强农惠农富农政策力度不断加大，现代农业建设成就辉煌，农村面貌和环境明显改善，农民生活质量显著提高，为决胜全面建成小康社会和实施乡村振兴战略奠定了坚实基础。在这场波澜壮阔的改革大潮中，句容"三农"发生了历史性变革，现代农业建设取得了辉煌成就，农村也发生了翻天覆地的变化。

（一）现代农业建设成就辉煌

习近平总书记多次强调，中国要强，农业必须强。党的十八大以来，句容深入贯彻习近平总书记视察江苏及镇江时的重要讲话精神，牢固树立创新、协调、绿色、开放、共享的新发展理念，加快转变农业发展方式，推进农业供给侧结构性改革，加快构建现代农业产业体系，探索出一条具有句容特点的"产出高效、产品安全、环境友好、资源节约"的现代农业发展道路。

一是现代农业发展初具雏形。农业综合生产能力大幅度提升，主要农产品从长期短缺到品种丰富、供应充足，农副产品商品率大幅度提高。二是城市保障服务做出重要贡献，建设了菜篮子、米袋子工程，粮食、肉、蛋、奶、水果、蔬菜等供应让"舌尖上的句容"有了保障。三是农村经济结构日趋合理，依托8个现代农业产业园区，形成了优质稻米、高效园艺、特种水产、花卉苗木、休闲观光五大特色优势产业，资源优势逐步变为品牌优势和市场优势。四是农村基础设施建设取得了新突破，水、气、电、路等基本生产条件得到了极大的改善。五是生态农业、科技农业形成了新特色。丁庄葡萄、戴庄大米等享有盛名，"茅山长青"成为全省第二大茶叶品牌，农业专家赵亚夫成为全国"三农"人物，镇稻系列水稻品种培育获得全国科技成果奖，截至2018年全市茶果花面积发展到15万亩，高效设施农业面积占比达18.9%，丁庄葡萄有了全国农产品地理标志。

（二）农村面貌和环境明显改善

中国要美，农村必须美。近年来，句容加大农村基础设施建设力度，农村水、电、路、气、房等基础设施条件明显改善；大力推进农村环境整治，美丽宜居乡村建设稳步推进，农村环境明显改善。

一是农村基本社会公共服务全面进步。农村各项社会事业、教育、卫生、社保取得了明显进步，城乡统筹方略全面启动，农民生活水平有了很大提高。二是农村基础设施明显改善。村庄环境整治基本完成，农村污水、生活垃圾等废弃物收集处理能力大幅提升，人居环境脏、乱、差状况有效改观，后白镇、唐陵村、戴庄村等先后跻身农业农村部"美丽乡村"创建试点。三是乡、村组织数量减少。句容建制村合并为 152 个，基本形成了重点中心镇、一般镇、中心村和农民集中居住点的镇村框架体系。四是农村新产业新业态蓬勃发展。家庭农场、农民合作社、农业现代化龙头企业等正在成为农业现代化的主力军。

（三）农民生活质量和水平显著提高

中国要富，农民必须富。党的十九大报告强调，人民对美好生活的向往是我们党的奋斗目标，增进民生福祉是发展的根本目的。党的十八大以来，句容多措并举，深挖增收潜力，拓宽农民增收渠道，农民生活质量显著提高，农民收入快速增长，广大人民群众的获得感、幸福感明显增强。

一是农村劳动力转移就业加快，农业生产经营人员文化素质显著提高。二是生活方式更为绿色生态。农村自来水的普及使饮用水更加安全；做饭取暖使用的能源由柴草和煤逐渐转变为电、天然气等更为清洁的能源，生活方式更加绿色生态。三是农民收入持续快速增长。截至 2018 年年底农民人均可支配收入已破 2 万元大关。

三、坚持高质量发展，谱写农业农村改革新篇章

乡村振兴战略为句容擘画了如何建设新时代新乡村的现实路径，我们在充分认识乡村振兴战略的重要意义、全面领会其深刻内

涵的基础上，如何将这一伟大战略构想转化为生动的现实，需要脚踏实地，不停探索，把习近平总书记关于"三农"工作的系列重要讲话和视察江苏重要讲话精神作为根本遵循，全力谱写好乡村振兴的句容篇章。

（一）着力推进全面发展，落实乡村振兴总要求

按照"产业兴旺、生态宜居、乡风文明、治理有效、生活富裕"的总要求，打造新时代的"鱼米之乡"。围绕习近平总书记做出的七个方面路径和"五个振兴"的布局安排，坚持解放思想，坚持系统思维，坚持问题导向，把高质量发展作为主要导向，突出农业供给侧结构性改革这条主线，加快构建现代化农业的产业、生产和经营三大体系，全面提高综合效益和竞争力，努力率先实现农业农村现代化，让农民成为有吸引力的职业，让农村成为安居乐业的美丽家园，用经得起历史和人文检验的实践成果推动乡村振兴走在全国前列。

（二）促进农村产业融合发展，为农村经济发展注入新动能

习近平总书记把产业振兴放到"五个振兴"的首位，明确要求紧紧围绕发展现代农业，围绕农村一二三产业融合发展，构建乡村产业体系，实现产业兴旺。农村产业融合发展为农业供给侧结构性改革提供新力量，为农村经济发展注入新动能，为农民就业增收开辟新渠道，为城乡融合发展增添新途径。

推进乡村产业振兴，必须把促进一二三产业融合发展作为根本途径，把加工业和休闲旅游作为融合的重点产业，把创业创新作为融合的强大动能。一是坚持"基在农业、惠在农村、利在农民"的原则，以农民合理分享产业链增值收益为核心，以改革创新为动力，增强"产加销"的互联互通性，形成多业态打造、多主体参与、多机制联结、多要素发力、多模式推进的农村产业融合发展体系。二是实施休闲农业和乡村旅游精品工程，打造一批生态优、环境美、产业强、农民富、机制好的休闲农业和乡村旅游精品来促进产业高质量发展。

（三）发挥农民主体作用，提升获得感和幸福感

"小康不小康，关键看老乡。"按照习近平总书记的指示要求，现代高效农业是农民致富的好路子。要沿着这个路子走下去，让农业经营有效益，让农业成为有奔头的产业。要更加重视促进农民增收，让广大农民都过上幸福美满的好日子，一个都不能少，一户都不能落。富民是乡村振兴的最终落脚点，促进农民增收要有新思路、新办法。一是以创业创新促进融合。以返乡农民工、退役军人、科技人员、企业家、经营管理和职业技能人员为重点，通过农村创业创新项目创意大赛、成果展示展览等活动，培育一批带头人，树立一批标杆典型来引路。二是发挥企业家作用，弘扬企业家精神。实施乡村振兴战略，促进农村一二三产业融合发展，最根本的还是要靠人才。乡村振兴要通过返乡下乡人员发展现代农业，为农村发展提供新要素，注入新动能，为农民增收开辟新渠道。企业家是人才中的人才，是农村产业融合发展的重要主体，他们善于抓住机遇，整合资源，创造价值，担当社会责任。要弘扬企业家精神，让企业家放开手脚，创业创新，兴办企业，鼓励他们"做给农民看、带着农民干、帮助农民销、实现农民富"，这样乡村振兴才更有希望。

（四）弘扬工匠精神，构筑品牌强农新优势

品牌体现着企业创新的智慧和制造的品质，也倾注了生产者的情怀。通过品牌创建，弘扬精益求精、追求卓越的工匠精神，促进农产品加工业增品种、提品质、创品牌。通过品牌强农，促进农业供应链建设，统筹初加工、精深加工和后续副产物的综合利用加工，各个环节协调起来发展，开发多元化产品，提高产品附加值，延长产业链，提升价值链。通过品牌强农，促进一二三产业融合，促进加工、流通、休闲旅游、文化、教育、科普、养生养老等产业深度融合。通过品牌强农，发挥品牌的创新与引领作用，生产高端

农产品、差异化农产品、品牌化农产品，提高品牌附加值和含金量，促进句容农村建设加快迈向产业链中高端，传承"匠人"精神。

（五）坚持党对"三农"工作的领导，强化乡村振兴组织保障

加强党对"三农"工作的领导，完善领导机制，实行省负总责、市县抓落实、乡村组织实施的工作机制和考核机制，健全并用好鼓励激励、容错纠错、能上能下"三项机制"。

加强"三农"干部队伍建设，严格按照懂农业、爱农村、爱农民的要求，在培养、配套、管理、使用上着力，全面提升各级干部特别是领导干部做"三农"工作的能力和水平。优先选派熟悉"三农"的干部进入各级党委和政府领导班子。发挥党员干部先锋模范作用，保持坚定的信念和信心，作风过硬，不忘初心、牢记使命，积极发挥先锋模范作用，当好排头兵、领头雁。

加强系统谋划，综合施策，从加强思想教育、树立正确用人导向、发挥考核评价作用、建立健全容错纠错机制、提升干部能力素质、凝聚工作合力等方面构建整体性、制度化安排，怀抱"功成不必在我"的施政理念，为敢于担当、踏实做事、不谋私利的干部撑腰鼓劲，凝心聚力推动句容乡村振兴和高质量发展走在前列。

美丽田园乡村建设视域下
句容乡村旅游振兴研究

乡村因生态优、村庄美、水河清、空气佳、人流稀、生活乐、节奏慢、亲近自然而成为城市居民旅游的首选。国家乡村游监测中心的数据表明，2021年第一季度，我国乡村游接待总人次相较2019年同期增长5.2%，达到9.84亿元；乡村游总收入较2019年同期增长2.1%，达到3898亿元。走出家门，回归自然，乐享田园的乡村休闲和度假旅游模式逐渐成为旅游的新热点，乡村成为节假日热点旅游目的地。

一、乡村旅游的战略定位、发展目标及句容乡村旅游的主要类型

贯彻落实习近平总书记关于因地制宜发展乡村旅游、休闲农业的要求，深入研究句容乡村旅游振兴，找出制约乡村旅游振兴的关键所在，为乡村旅游发展提出相应路径，是本研究的目的。

（一）乡村旅游的战略定位和发展目标

为落实美丽田园乡村建设，句容市出台了《2019年句容市乡村旅游工作要点》，推动乡村旅游提档升级发展；2019年6月正式提出《"宜游句容"建设三年（2020—2022）行动计划（征求意见稿）》，强调乡村旅游支撑乡村经济社会可持续发展，高点定位，高标谋划布局乡村旅游建设三年任务，推进"美丽句容乡村游"品牌建设。

（二）句容乡村旅游的主要类型

基于国家和省、市关于乡村旅游发展及乡村振兴战略的大背景，按照《江苏省特色田园乡村建设行动计划》要求，特色田园乡村要立足乡村实际，进一步优化山水、田园、村落等空间要素，打造特色产业、特色生态、特色文化，塑造田园风光、田园建筑、田园生活，建设美丽乡村、宜居乡村、活力乡村，展现生态优、村庄美、产业特、农民富、集体强、乡风好的特色田园乡村风貌。对句容具有代表性的乡村旅游目的地的实地采访调研结果进行梳理分析，笔者得出乡村旅游的主要类型如下。

1. 花果观赏型

这一类型主要是以各品种的花和水果为特色，吸引游客前来赏花、摘果等。如句容白兔的伏热花海，多地游客慕名前来赏花、拍照、露营和烧烤。

2. 景点游玩型

这一类型主要是以当地的景点为背景，接待前来游玩的游客。如句容茅山和宝华山，常年都有大批游客前去游玩。

3. 餐食养生型

这一类型主要是利用绿色纯天然有机农作物制作的美食及定制私房菜和特色美食来吸引游客。如位于句容茅山北麓的得撒石磨豆腐村，村里的食物，如瓜果蔬菜、鸡鸭鹅等禽肉类及鱼类产品基本源于自产，鸡鸭鹅都是散养的，肉质与圈养的不同。豆腐村的特色豆腐宴更是一绝，各类主食、甜品是豆腐宴的主角。

4. 原始生态型

这一类型主要是以天然的环境为根本，游客通过参与体验融入其中。每年到草莓上市的时候，句容白兔很多草莓种植示范基地都会邀请游客到草莓园采摘草莓，享受采摘的乐趣，品尝草莓的美味。丁庄的巨峰、黄金玫瑰、超越阳光等品种的葡萄又大又甜，十分味美，每年8月都会有很多游客来此采葡萄、吃葡萄、住葡舍民宿。

二、句容乡村旅游的几个关键问题

句容积极开展"全域旅游"品牌建设和"美丽句容乡村游"制度建设，乡村旅游工作的推进有利于促进乡村经济发展，乡村振兴的进程也为推动句容乡村旅游振兴目标的实现提供了基础支持。与乡村旅游发展比较成熟的地区相比，句容在乡村旅游发展中还有几个关键问题亟待解决。首先，经营模式过于单一，缺乏创新，缺乏特色，经营规模不大，知名度和社会影响的广度和深度不够。其次，旅游产品同质化和相似化较严重，文旅融合不足，缺乏深度旅游体验项目，缺少专属品牌。此外，IP 信息化发展有待提升，尤其在旅游方面无法有效利用新媒体、自媒体与游客互动。

1. 经营模式单一，规模较小

乡村旅游发展方式多样化，经营主体则以个体为主，主要是以农户、种植户分散化经营为主。以白兔高效农业代表草莓园和火龙果园为例，家庭农场的经营规模相对较小，在人员的配备上，管理人员大多由当地的村民担任，缺乏现代旅游相关的专业知识。此外，乡村基础设施有待提升，公共交通的组织协调力度不够，不能及时针对问题做出调整，导致乡村旅游经济效益不高。

2. 简单粗放，注重数量

由于缺乏整体和系统规划，乡村旅游普遍存在点散面窄的问题。句容乡村旅游景点多，其中简单粗放型的"农家乐"有大大小小三十几个，但较为成熟的大型景点只以个位数计。许多乡村旅游项目大多由乡村居民自行开发，以采摘、垂钓、烧烤和休闲见长，景点位于居民家中，结合自家农地建设。项目往往场景老化，产品老化，缺少科学性的规划，随意性大，没有充分进行市场深度调查与市场定位，以低端经营居多，无法满足大批量消费者的消费需求。

3. 同质化严重，层次不高

旅游产品的同质化通常和初级化相伴而生，原因是初级化的产品更便于"模仿"。农家手工农产品、时令果蔬菜、农副产品和民宿风格挂件是乡村旅游产品市场的必备产品。这些对于乡村游目标客人来讲缺乏新鲜感和长久吸引力。多数小型"农家乐"更是内容趋同，在原有农业生产基础上加以改动，没有自身文化特色，无法进一步发展。爬山、涉水、摘水果等是大部分乡村旅游中的普遍活动。另外，一些农产品受季节性限制，有淡旺季之分，淡季期间乡村旅游中的产品多元化还会受到冲击。消费的结构化单一，导致游客逗留的时间短、复游率低、回头客少。

4. 缺乏独特性，不可持续发展

乡村旅游的知名度和生活品位，需要文化和旅游产业的发展来强有力推动。然而，句容乡村旅游的独特性淡化，整体品质逐渐降低，很难实现乡村旅游的可持续健康发展。

5. 基础设施及功能不健全，服务水平有待提升

2021年中秋节和国庆长假期间，乡村游深受游客和居民喜爱，游客数目暴增，一些乡村基础设施及功能不健全的问题日益显现，影响乡村旅游形象。文化和旅游公共服务设施建设对提升乡村村民主客共享的设施服务水平和能力至关重要，同时，加快提升乡村的软件建设也势在必行。

6. 宣传维度不足，影响产业价值链的升级

传播渠道是乡村旅游产业价值链上的重要环节。没有良好的营销渠道，再好的产品也无法形成规模，也就没有办法成为产业。宣传维度不足导致传播渠道有限，从而影响整个产业价值链的升级。

7. 游客结构单一，影响价值链稳定性

旅游者是乡村旅游产业价值链中的最后一环，也是最终决定环节。句容乡村旅游所吸引的游客大多来自江苏省内和周边省的城市，游客结构相对单一，不利于产业价值链的稳固和发展。

三、依托产业价值链的分析结论

产品价值链是助推乡村旅游的有益举措，可借助产业价值链的分析构架，拓展乡村旅游产品供应链，分析句容乡村旅游产业价值链运作的主要环节。

随着美丽田园乡村建设的稳步推进，乡村风貌不断提升，乡村旅游逐渐兴起。然而，乡村旅游发展是系统工程，句容乡村旅游处于文旅融合初期。推进乡村旅游振兴，必须强调"四个聚焦"，包括从走马观花式的"浅度游"向乡村特色体验游转变，由同质化产品向高品质专业产品转变，由数量扩张向提升质量效益转变，推动乡村旅游特色化、文创化、品牌化、连片化发展。通过持续开发推进乡村旅游向纵深发展，将句容打造成为"田园山林秀丽、民俗风情多姿、生态五彩斑斓"的特色乡村旅游目的地。

四、乡村旅游的重点工作和部署

1. 发展生态旅游，梳理旅游资源

发展生态旅游，梳理旅游资源是乡村旅游振兴的基础工作。乡村旅游发展的优势主要在于引领生态资源经济化，把农村自然生态资本转变为乡村振兴中的富民强村资本，将绿色生态资源优势转变为农业农村后发经济优势，通过发展乡村旅游使"绿水青山"转化为"金山银山"。旅游资源的调查、梳理也是一项基础性工作，只有做好资源的梳理、分类，才能更好地将其与乡村旅游衔接、契合。

2. 强化创新作为，培育文旅新业态

培育文旅新业态，扩大优质产品供给。山水是句容的重要环境要素，句容生态环境总体良好。要挖掘非物质文化遗产价值内涵，依托美丽乡村建设成果，规划乡村红色线路；继续办好龙舟赛、美食街、航空旅游、马拉松比赛及乡村旅游节等一批特色文旅活动。

3. 差异化、多元化、多维度开发旅游线路

在充分的市场调查基础上，通过串点成线、串线成带状面的方式，实行多元化、差异化开发。旅游业集食、住、行、游、购、娱于一体，产业属性决定产品具有综合性强、涉及面广、关联度大等特点，因此存在诸多因素制约旅游业发展的问题。旅游管理部门应适时介入规划，以串联开发为主要方法，实现多元化、差异化开发，充分挖掘、展示乡村旅游的历史文化。当然，开发的前提必须是保护和修复，而不是破坏与污染。

4. 开发旅游新路线，解决景区交通问题

针对景区周边和内部的交通问题，优化原有线路设计，开发新的旅游线路。在车站和景区之间建设专项线路，在车站和其他中心点设立旅游站点，并为其他旅游景点提供交通便利服务。加强旅游景区道路的建设和修建，对新线路的建设进行监督和保护。另外，在乡村旅游景区和周边加大基础设施建设，比如设立道路指示牌、宣传标语、增建特色建筑等。

5. 创新活动，打造文旅品牌

举办"春之旅""夏之乐""秋之韵""冬之味"四季特色旅游活动，开展有地域文化特色和独特创意的民俗节庆活动及非遗文化体验活动。

五、基于产业价值链视角的产业振兴策略

乡村旅游的产业发展和产业振兴应当建立在现代产业价值链视角的基础上。基于产业价值链视角的乡村旅游产业升级策略和措施如下：

1. 锚定中长期战略，锚定目标，分阶段实施

许多乡村旅游的实施主体和从业者的战略定位模糊，缺乏锚定意识，随波逐流的心态较强。战略思维是一个产业链得以可持续发展的关键所在。对于乡村旅游产业而言，战略思维并非可有可无，

乡村旅游产业的经营不能"望天收"，不能粗放经营。乡村所在的旅游管理部门可以立足资源禀赋，提供长期发展规模设计，指导从业者有的放矢；乡村游的从业者则应立足自身特点，设立中长期战略锚定目标，分阶段实施，并依据具体实际及时调整。

2. 完善上下游环节，上下游协同升级

产业价值链注重整体效应，乡村旅游产业有其上下游产品及供应商，酒店、交通等皆属此列。可持续的产业升级应是整个相关链条的升级，不能是产业某一环节孤军深入，其他环节滞后不前。

以乡村游的常见产品"农家乐"为例，其主体大多为"农家菜+田园风光+垂钓/采摘"等产品。虽然这部分产品主要在乡村当地场景完成，但上下游的服务质量并非无足轻重。以主打餐饮垂钓的"农家乐"为例，上游的交通是否便捷安全，下游的住宿及衍生出的其他产品是否完善，就直接关乎上下游的协同升级。

3. 抓牢基本增值活动，加强新媒体营销宣传

在产品价值链的视角下，在乡村旅游活动中，基本增值活动一般包括材料供应、成品开发、生产运行、营销和售后等。这些基本活动根据具体经营内容有所差异，经营采摘活动的主要产品以瓜果菜蔬的形式呈现，其产品开发和宣传营销也自然以这些为主题。经营民宿的主要产品是特色住宿，其产品开发涉及店面设计、文化宣传等内容。

4. 重视辅助性增值活动，注重专业人才培养

一般而言，除基本增值活动之外，为企业增值的活动都属于辅助性增值活动，通常包括人力资源管理、技术研发和采购管理等。

当前，许多乡村旅游经营团队系个体化、私营业主家族式团队，这样的好处显而易见，人力资源成本低，起步容易，沟通成本较低，便于协调。但是乡村旅游升级需要现代化的管理模式，人力资源管理工作更需专业化，而家族式团队在具备上述优点的同时也会带来诸多管理问题。例如，责权利的边界模糊，分工不明确，导致产品服务质量良莠不齐，稳定性难以保障；缺乏现代管理理念，产品服务工作中的随意性较大，客户体验满意度难以持续。解决这一问题的关键是要重视辅助性增值活动。以人力资源管理为例，乡村旅游经营者需要从组织架构设计、人员培训等多方面进行职业化学习培训，建立长期学习的制度，通过对管理模式、职业素养和专业技能等多方面的不断学习，打造可持续的新型乡村旅游产品服务专业团队。受过职业化培训的乡村旅游团队可以带给乡村游客户超预期的、可持续的专业化体验。职业化培训也有利于乡村旅游经营者精细化管理自身团队，优化组织结构，升级专业水准。

句容采取五项措施实施乡村建设行动

党的十九届五中全会通过的"十四五"规划和 2035 年远景目标纲要，把乡村建设作为"十四五"时期全面推进乡村振兴的重点任务，摆在社会主义现代化建设项目的重要位置。在 2020 年中央农村工作会议上，习近平总书记再次强调，要实施乡村建设行动，继续把公共基础设施建设的重点放在农村，在推进城乡基本公共服务均等化上持续发力，注重加强普惠性、兜底性、基础性民生建设。乡村建设是实施乡村振兴战略的重要任务，是补上农业农村现代化短板的重要抓手。乡村建设行动重点在建设，关键在行动。乡村建设是为农民而建，需因地制宜。句容是农业大县，结合句容实际实施乡村建设行动，应做好以下 5 篇文章。

（一）推动市域内城乡融合发展

城镇的发展离不开乡村繁荣，乡村的发展也离不开城镇的有力辐射和带动。推动乡村建设，建设现代农业产业体系、生产体系和经营体系，培育新型农业经营主体，推动小农户和现代农业发展有机衔接，能够提升农产品供给质量以满足城镇人口需要，带动乡村产业发展。通过统一规划城镇与乡村，能够重新构建城乡平等的空间结构和城乡产业互补链条，实现基础设施互联互通、公共服务均等化、生态环境共建共治，推动城乡融合发展。句容正在探索制定村庄规划导则，有序推进镇、村布局规划实施和动态更新，因地制宜编制"多规合一"实用性村庄规划；强化县城综合服务能力，按照小城市的标准建设县城；积极推进扩权强镇，建设一批重点中心镇，把镇建设成为服务农民的区域中心；加强特色小镇建设，探索"农业+"发展模式，努力把特色小镇建设成为农村融合发展的示范区。当前，句容推动城镇化与乡村建设协同发展还面临一些矛盾和问题，主要体现为：城乡经济社会发展的各种规划之间缺乏协调；城乡规模结构和空间分布尚不合理；乡村建设需要的人力资源和专业人才较为缺乏；乡村产业发展后劲不足。

（二）精准把握乡村建设行动的重点

乡村建设行动虽然不只是搞基础设施建设，但乡村建设行动的重点是全面改善乡村水、电、路、气、通信、广播电视、物流等服务于农村生产生活的各类基础设施。要继续把公共基础设施建设重点放在农村，着力推进往村覆盖、往户延伸，并探索建立长效管护机制。一是适应推进农业现代化需要，以高标准农田、水利设施、智慧农业装备等建设为重点，着力推进农业基础设施现代化。二是适应推进农村现代化需要，以交通、电力、给排水、通信、通气和农产品冷链物流建设等为重点。加快数字乡村建设，推动基础电信运营商在农村地区开展 5G 建设，推进燃气城乡统筹建设，打通村一级物流短板，逐步实现城乡基础设施共建共享、互联互通。到2025 年，句容实现行政村 5G 网络、电子商务配送点全覆盖。三是持续推进县、乡、村基本公共服务一体化。适应农民群众日益增长的美好生活需要，把社会事业发展重点放在农村，以城乡基本公共服务均等化为重点，推进城乡基本公共服务标准统一制度并轨，实现从形式上的普惠向实质上的公平转变。以乡村学校、医院、阅览室、超市等为重点，着力推进农民生活设施便利化。适应城乡居民共享社会发展成果的需要，推动教育、医疗、文化等公共资源在县域内优化配置。到 2025 年，基本完成全市村卫生室标准化建设。

（三）加快建设特色田园乡村

习近平总书记强调，"建设好生态宜居的美丽乡村，让广大农民在乡村振兴中有更多获得感、幸福感"。由于长期以来重城镇建设、轻村庄建设，农村人居环境历史欠账多，不少地方有新房没新村，有新村没新貌。按照特色田园乡村建设标准，重点依托规划发展村庄，改造和新建一批农村社区，增强公共服务功能和社区治理能力，全力推动乡村人居环境由整洁向美丽、干净向宜居提升。一是探索"城管下乡"，把有可行性的城市管理经验在农村推行实践，让农村环境靓起来。为推动乡村精细治理，句容正在试点村庄物业管理模式。建立符合农村实际的生活垃圾收运处置体系，分类垃圾桶户户有，各村设立垃圾分类分拣中心；努力在各镇建设一处厨余垃圾处理站，实现就近处理。二是有序推进农村污水治理行动。作为住建部确立的全国首批村庄生活污水治理示范县，句容市推动城镇污水管网向周边村庄延伸且污水管网户户通，只要有污水排出来，就全部进入管网，然后进入终端的污水处理设施；在居住分散、污水不易集中收集的村，采用"厕污一体化"污水治理模式。句容实现了生活污水处理行政村全覆盖，并实施房前屋后河塘沟渠清淤疏浚，逐步消除了农村黑臭水体。三是大力开展农村"厕所革命"。句容农村户用无害化卫生厕所改造全部到位，加强已改户厕维护，农民告别"茅房靠厨房，苍蝇两头忙"的尴尬。四是持续推进乡村绿化，让每个村子都"绿树村边合，花木四时新"。注重保护好传统村落和乡村特色风貌，将传统古村落作为特色田园乡村建设优先支持的对象，动员农村妇女积极争创美丽庭院，建设美丽宜居乡村。截至 2021 年年底全市 60 个村庄创成美丽宜居乡村。

（四）培育新型职业农民

从事农业生产经营的劳动者素质的高低，直接影响着传统农业向现代农业转型进程的快慢。应吸引有知识、有眼光、有技能的创业者投身农业领域，推动农业从业人员职业化，加快形成新型职业农民群体。一是要创新方式，提高新型职业农民培育精准度。甄别和遴选具有一定文化基础和科学知识、具有较大培养潜力的农民实施培育，并且要开展分类培训和分阶段培养。坚持以理论教学为基础，以实训课程为载体，采用游学体验与技术培训的教学方式，把课堂开在田间地头，实现"做中学、学中干"。采用进村办班、现场教学、巡回课堂讲座等灵活多样的方式，增加农民参与培训的机会。建立农业特派员制度，为农业生产提供科技上门服务；也可以组织部分新型职业农民"走出去"，进行跨区域交流乃至国际交流。在新型职业农民培育内容方面，除农业技术知识外，还应包含农业发展理念、经营管理策略、营销方法、政策法规等多方面的内容，力争使教学内容和农民的生产实际密切相关，助力提高职业农民的综合素质。二是整合各类资源形成培育合力。首先，充分利用句容周边的农业高校、科研院所、农业技术推广机构及教育培育机构等各类公益性培训资源，发挥培育主体的作用。发展社会化培育机构，鼓励那些具备条件的农业合作社及农事企业，通过政府的市场化运作和购买服务等方式参与职业农民的培训，为培育新型职业农民提供教学观摩和实习实践场所。其次，推进线上线下融合培育。随着互联网、大数据、云计算等技术的普及，手机成了新型职业农民的"新农具"。运用互联网发展现代远程在线教育，为农民提供灵活方便、智能高效的网络培训模式，实现集中培训与线上线下培训的融合发展。鼓励开发适应"三农"特点的信息终端、技术产品、移动互联网应用软件（App），利用 5G 技术推动物联网与传统农业的结合。注册农技耘 App，将各类问题以图、文字、视频等形式发到 App 上，该 App 上有农技专家 24 小时在线解答各类问题。句容市人社局以抖音短视频、淘宝直播和快手等网络平台为切入点，用视频和直播的形式推销农产品，进行有效的农产品展示和推广，效果很好。

（五）加强和改善党对农村工作的领导

党的十九届五中全会指出，坚持把解决好"三农"问题作为全党工作重中之重。习近平总书记指出："办好农村的事，实现乡村振兴，关键在党。"农村基层党组织是直接联系群众的纽带，是党的理论和路线方针政策的直接执行者，是推进乡村建设走好"最后一公里"的关键。只有打造千千万万个坚强的农村基层党组织，培养千千万万名优秀的农村基层党组织书记，发挥好党组织战斗堡垒作用和党员先锋模范作用，才能把基层党组织的组织优势、组织功能、组织力量充分发挥出来，把广大党员群众的思想、行动、力量、智慧凝聚起来，使他们凝心聚力投身到乡村建设中去。一方面，要抓班子、强队伍，提升基层党组织的战斗力。乡村要发展得好，很重要的一点是要有好班子和好带头人。实施"名书记"培育工程，推进"乡村振兴头雁项目"，抓好党支部书记这个"关键少数"。不断强化村两委班子力量，多措并举锻造一支靠得住、信得过、顶得上的党员干部队伍。另一方面，要建"堡垒"、树旗帜，提升基层党组织的组织力。深入推进抓党建促乡村建设，深化拓展抓党建引领"村社合一"发展经验，构建"大党建、大发展、大服务"的党建新格局。深入推进农村基层党组织建设，不断丰富完善"五制十二条"标准化核心体系，进一步提升村党组织的组织力，提高村党组织领导农村工作和服务农业发展的能力。着力引导农村党员发挥先锋模范作用，带动群众参与，密切联系群众，引领群众以饱满的热情、昂扬的斗志，积极投身到推动乡村建设中来。

实施乡村建设行动，关键在村，核心在民。句容市的乡村建设之路体现了以人民为中心的发展思想，谱写出一首民生幸福曲。

发展乡村旅游　建设美丽乡村

党的十八大首次提出了"美丽中国"的执政理念，美丽乡村建设既是美丽中国建设的重要部分，也是城乡协调发展的重要组成部分。可以说，没有农业和农村的绿色发展，就没有整个中国的绿色发展；没有美丽乡村建设，也无法实现美丽中国。乡村旅游顺应旅游市场需求，把田园变公园、产品变商品、农房变客房、劳动变运动、农区变景区，做到让农民成为体面的职业，让农业成为有奔头的产业，让农村成为安居乐业的家园，无疑是建设美丽乡村的关键一招。做好乡村旅游这篇大文章，对于建设美丽乡村乃至美丽中国有着极其重要的意义。

一、发展乡村旅游，必须树立机不可失的思想自觉

凡事预则立，不预则废。发展乡村旅游必须增强机遇意识，强化行动自觉，切实把乡村旅游作为美丽乡村建设的重要载体加以推进。

首先，发展乡村旅游是打开美丽乡村建设局面的突破口。当前，农村人力资源流失严重，人口和资本进不来，土地资源无法转化为土地资本实现增值增收。发展乡村旅游较好解决了"钱从哪里来""土地怎样改"和"究竟谁来干"的问题，成为撬动美丽乡村建设的有力杠杆。通过把乡村社区、农田耕地及荒山、荒坡、荒滩等资源进行整合开发，形成乡村观光、休闲娱乐、文化体验、度假养生等高附加值现代乡村旅游产品，能够在最大限度上盘活土地资源，吸引农民工返乡创业和城市人才下乡创业，为乡村经济持续注

入人力资源和产业资本，真正助推城乡资源双向融通、合理配置。

其次，发展乡村旅游是全面推动美丽乡村建设的着力点。美丽乡村建设要以乡村振兴为基础，要抓重点、补短板、强弱项，实现乡村产业振兴、人才振兴、文化振兴、生态振兴、组织振兴。落实好"五个振兴"，就必须围绕产业振兴主线，聚焦产业振兴重点，统筹加以推进。文化旅游产业作为一项综合性产业，具有关联性高、涉及面广、辐射性大、带动性强等特点。据测算，旅游产业对相关产业的拉动比例为1：4。发展乡村旅游，能够在促进传统农业发展的同时，带动农副产品深加工、手工艺品生产销售、旅游用品和纪念品生产开发，以及服务业的共同发展，推动一二三产相互融合，形成"一业兴、百业旺"的联动效应。同时，发展乡村旅游对于改善农村生态环境、振兴乡村文化、引进和培养人才、激活基层党组织活力，都具有不可替代的作用。从这个角度来说，发展乡村旅游是统筹推进乡村振兴和美丽乡村建设的重要抓手和着力点，是把珍珠串成项链的"红绳子"。

最后，发展乡村旅游是实现美丽乡村建设的助推器。美丽乡村建设的目标是实现农业兴、农村美、农民富，其中最核心的任务是提高农民收入。发展乡村旅游，不仅能够为农民提供旅游经营机会，还能够进一步促进农村工程建设、店铺经商、农副产品加工销售等多元化非农生产活动，多渠道增加农民收入。有数据显示，2017年江苏省乡村旅游接待游客总人数达2.87亿人次，全省乡村旅游直接从业人员达42万人，实现营业总收入近900亿元。实践证明，发展乡村旅游是实现产业兴旺、农民增收、乡村美丽的重要途径，发展好乡村旅游能助力实现美丽乡村建设的使命任务。

二、发展乡村旅游，必须打造以质取胜的精品工程

乡村旅游相对于传统的景区旅游，并不是稀缺资源，对游客的天然吸引力不够强，加上当前全国各地都在做这篇文章，因而发展

乡村旅游面临着较大的竞争压力。这就要求我们紧紧抓住当前的旅游热点需求，在品质和声誉上下功夫，真正打造出"看得见草绿花红，听得见鸟叫蛙鸣，闻得到花香菜香，享受到野趣野味，记得住乡情乡愁"的乡村旅游精品工程。就是我们常说的两句话 8 个字：风餐"路"宿、人情"事"故。

风，就是风景。优美的自然环境是发展乡村旅游的硬件基础，也是吸引游客的先决条件。这方面，句容"有山有水有故事"，具有良好的自然禀赋。要继续做好山和水的文章，结合美丽乡村建设、特色小镇建设等，深入实施乡村绿化、美化、亮化工程，打造天然淳朴、绿色清新、赏心悦目的乡村环境，不断增强乡村旅游的生态吸引力。

餐，就是餐饮。这是直接影响游客体验的重要环节。要抓住城市游客吃得安心、吃得健康的心理，坚持有机、绿色、安全的乡村旅游餐饮标准，突出乡村特色和乡土气息，保持原有风貌，营造返璞归真、回归自然的美食体验。

路，就是道路。乡村旅游往往都是自驾游，良好的交通条件是游客考虑的硬指标。近年来，句容各地在这方面投入很大，在乡村的外部交通上做得比较好，但是在村庄内部道路、停车场、服务驿站、特色景观大道、交通指示牌等方面还需要进一步加大投入，抓紧配套。

宿，就是民宿。特色民宿是促使游客从一日旅游转变为几日旅居的关键因素。要借鉴浙江莫干山、云南大理等地的成功经验，在民宿的安全、卫生、特色、舒适上做文章，不要舍本求末，盲目追求豪华，搞成乡村的"五星级酒店"。要通过集中打造一批特色民宿，尽快让游客享受到句容乡村的美丽夜景，延长旅游时间，延伸旅游价值链。

人，就是受众。发展乡村旅游要有清晰的定位，首先要把服务对象搞清楚。究竟是以本市、本省的游客为主，还是面向省外、国外的游客？只有把服务对象定位好，因人制宜，因人施策，才能够从游客的实际需求出发，不断提升服务的针对性和有效性。

情，就是乡情。有人说，游客最美好的体验，往往不是看得见的风景，而是动了心的风情。要把乡村动态的、活泼的元素展示出来，用乡土味、人情味温暖游客的心灵。尤其要抓住传统节日做好营销，营造节日的气息、亲人的氛围，使游客收获浓浓的乡愁、满满的幸福。

事，就是农事。从观光旅游向体验旅游转变，是旅游产业发展的必然趋势。乡村旅游首先是一种生活方式，然后才是一种旅游方式。要结合播种、采摘等农事活动，开发针对性体验项目，让游客不仅能看见乡村的美景，还能参与乡村的劳作，不仅能看着、吃着，还能带着，从而获得更好体验，收获更多快乐。

故，就是故事。旅游是一个载体，要让这个载体腾飞，必须靠生态和文化这两个翅膀。农村的原生态经过修复和保护应该没问题，关键是还要挖掘传承好文化这个灵魂。一个有故事的景点，远比一个没有故事的景点更有知名度、更加吸引人。要深入挖掘具有农耕特质、句容特色、村域特点的非物质文化遗产和传奇故事，集中展示一批民间艺术、戏曲曲艺、手工技艺等，让故事和文化成为乡音的表达、乡愁的载体、宣传的利器。

三、发展乡村旅游，必须汇聚社会各界的强大合力

乡村旅游是全域旅游的重要组成部分，必须以全域旅游的理念为引导，进一步整合要素资源，强化服务保障，汇聚工作合力，确保乡村旅游推进有序有力有效。

一是全要素整合。要以系统规划、整合开发为原则，深入推进旅游供给侧结构性改革，立足句容实际，因地制宜打造布局合理、特色鲜明的乡村文化旅游项目，做到显山露水，彰显乡韵乡味。要依托风景名胜区、历史文化名镇名村、特色景观旅游名镇、传统村

落，对全市旅游资源进行全盘谋划、系统设计、统筹管理，深度整合资源，做优句容"齐梁文化""福地养生"等品牌，打造各有特色、互联互通的旅游集聚产品，推动旅游资源串珠成线、连线成网。

二是全流程保障。进一步加大乡村旅游专项资金投入，加快路、网、水、电、气等公共基础设施建设和综合环境整治。加快构建"部门联动、统筹推进、综合监管、协调高效、服务全域"的乡村旅游综合管理和服务体系，建立跨区域、跨行业、跨部门的行业审批服务机制、联动建设机制、资源保护机制、信息公开机制和利益共享机制。加强乡村旅游专业人才队伍建设，扶植一批乡村旅游职业经理人、文化能人、非遗传承人、工艺制作人，不断提高乡村旅游专门人才服务保障能力。

三是全社会共享。乡村旅游是全村投入、全体参与、全民共享的旅游新模式，要发挥政府主导作用，调动市场主观能动性，强化农民主体意识。要充分引入市场机制，让社会资本和村民都参与到乡村旅游经营中来。发展乡村旅游的落脚点是促进乡村振兴、农民富裕，必须让全体村民共享发展成果，确保群众利益不受损害。因此，在引入社会资本的过程中，要设立必要的"防火墙"，防止出现跑马圈地、侵占农村集体产权、侵犯农民利益、触犯法律法规底线等现象，决不能"富了老板，亏了老乡"。

四是全方位宣传。景色美不美，导游一张嘴；景区去不去，关键看名气。旅游经济就是吆喝经济，在市场充分竞争的条件下，必须在市场营销和宣传推介上舍得花本钱、肯下硬功夫，打造一批具有句容特色和远程号召力、长期吸引力的乡村旅游品牌。要继续策划组织樱花节、草莓音乐节、葡萄节等一系列有品位、有影响、群众参与度高的乡村旅游节庆活动，适时召开乡村旅游线路推介会，鼓励指导各级主体利用媒体和网络平台开展营销推广，真正使"美丽句容乡村游"的品牌家喻户晓、深入人心。

深入推进美丽乡村建设的句容探索

农业是我国三大产业中的支柱产业。要实现国家的发展，乡村就要振兴。我国当前正处于世界百年未有之大变局之中，要应对风险，实现跨越式发展，就要守住我国的农业基本盘，夯实我国的"三农"基础，增强我国抵御风险实现发展的能力。因此，解决好"三农"问题依然是全党工作的重中之重。当前，我国农村工作已经由脱贫攻坚转向乡村振兴。实现乡村振兴战略离不开新发展理念的指引，而"美丽乡村建设"恰恰是乡村振兴战略融合绿色发展理念在乡村实施的具体化。

一、美丽乡村建设的内涵

美丽乡村建设起源于社会主义新农村建设。经过 10 多年的发展，特别是在党的十八大将"生态文明建设"纳入"五位一体"总体布局、党的十九大提出乡村振兴战略、"十四五"规划提出实施乡村建设行动以后，美丽乡村建设的内涵更加丰富。

美丽乡村是环境、乡风、生活、人文"四美"齐全的乡村，美丽乡村建设的首要目标应当是满足"四美"的发展要求，从产业兴旺、生态宜居、乡风文明、生活富裕 4 个方面长期推进。产业兴旺更多的是强调乡村的经济建设，应加快构建符合乡村实际的产业体系，推动乡村在经济方面的振兴，为美丽乡村建设提供长久的经济保障。生态宜居的目标是要求美丽乡村建设不仅要环境优美，还应当建设人与自然和谐共生的生态。中国想要在五彩斑斓的世界文明中占有一席之地，就必须保护乡村，留住乡愁，正如习近平同志所讲，"农村绝不能成为荒芜的农村、留守的农村、记忆中的故园"。乡风文明就是要求在美丽乡村建设中涵养、传承乡土文化，发扬优秀乡土文化的道德教化作用。基础不牢地动山摇。乡村社会中的人是美丽乡村建设的参与者，也是最终受益者。因此，美丽乡村建设落实到人身上最直接的体现就是乡村居民收入水平、生活水平的提高，这就是生活富裕的要求。

二、句容市美丽乡村建设现状

随着社会主义现代化建设的不断推进，句容市的美丽乡村建设取得了显著的成就。乡村的人居环境持续改善，乡村基础设施和公共服务与城市之间的差距不断缩小，极大地提高了乡村居民在乡村生活的意愿。此外，伴随着乡村改革的不断深化，乡村社会的活力被不断激发，乡村发展的内在动力得到加强。

目前，句容市乡村人居环境整治稳步展开，其目标已经基本完成，乡村基础设施建设加快推进，公共服务水平稳步提升，乡村人居环境不断改善。大部分村庄已经实现了干净、整洁、有序的目标。随着乡村人居环境整治行动的推进，乡村群众的积极性、主动性大大增强，主动投入清理农村生活垃圾和养殖废弃物的行动中，影响乡村人居环境的不良生活习惯开始改变。乡村的"厕所革命"深入推进，有效地维护了乡村群众的身心健康，降低了疾病发生率，乡村也因此更加文明、宜居。乡村生活垃圾、污水治理的有关工作持续推进，生活垃圾、污水治理的管理监督机制不断完善，城乡环卫一体化建设取得了一定的成就。当前，乡村生活垃圾转运处置工作已经覆盖90%以上的行政村，乡村环境得到改善，城乡环境卫生之间的差距得到弥补，乡村居民的幸福感得到了提高，乡村居住条件良好。乡村基础设施建设不断加强，乡村的水、电、公路、通讯等设施全面改善，5G、物联网等高新技术开始向乡村布局。以电商直播为媒介，城市居民开始了解乡村，乡村的土特产、特色农副产品开始走入城市居民的生活，形成了城乡之间的良性互动。伴随着乡村基础设施的完善和公共服务水平的提高，乡村居民与城市居民的生活必需要素供给大体相当，乡村居民的生活需求不断得到满足，人居环境不断改善。

三、句容市美丽乡村建设存在的问题

1. 管理机制有待健全

由于对美丽乡村建设认识不够，不同层级政府和不同职能部门在具体实施或参与美丽乡村建设时所表现出的积极性和行动力不同，难以形成建设合力，达成整体联动、资源整合、社会共同参与的建设格局。

对于美丽乡村建设，不能仅仅停留在"搞搞清洁卫生，改善农村环境"的低层次认识上，更不能形成错误观念，认为它只是给农村"涂脂抹粉"、展示给外人看的，而应该提升到推进生态文明建设、加快社会主义新农村建设、促进城乡一体化发展的认识高度，重新认识美丽乡村建设。目前，句容市部分乡镇存在"涂脂抹粉"的现象，有些乡镇虽然为农户修建了厕所，但是有些厕所并未通水，无法正常使用。有部分村庄为村民安装了健身娱乐设施，但后期并未进行维护，导致设施荒废。

2. 政府唱独角戏

在美丽乡村建设过程中，句容市大部分乡镇都是政府主导，未形成市场、社会、政府三者"搭台唱戏"的格局。许多地方在进行美丽乡村建设时，没有积极探索如何引入市场机制、发挥社会力量，而是采取传统的行政动员和运动式方法。尤其是，政府主导有余、农民参与不足的现象比较普遍，农民主体地位和主体作用没有充分发挥，以致部分农民群众认为，美丽乡村建设是政府的事，养成了"等靠要"的思想。这就难免会出现美丽乡村建设"上热下冷"、"外热内冷"的现象，甚至出现"干部热情高，农民冷眼瞧，农民不满意，干部不落好"的情况，其主要症结就在于农民群众的积极性没有充分调动起来，农民群众的主体作用没有发挥出来。所以，美丽乡村建设必须明确为了谁、依靠谁的问题，要充分尊重广大农民的意愿，切实把决策权交给农民，让农民在美丽乡村建设中当主人、做主体、唱主角。

3. 资金缺口大

美丽乡村建设是一项系统工程，涉及方方面面，需要投入大量的资金，镇村经济实力有限，难以在美丽乡村建设中有较大的投入，而上级配套一般是以奖代补，等项目完工验收后才有奖补资金，因而美丽乡村建设形成的资金缺口难以弥补，影响了美丽乡村建设工作的快速推进。

4. 制度改革不到位

农村产权制度改革、乡村社会治理机制改革等"软件"建设不同步，美丽乡村建设局限于物质建设和生态环境建设狭小范畴。美丽乡村建设不是"做盆景""搞形象"，更不是"涂脂抹粉"。美丽乡村不仅仅要有令人惊艳的"形象美"，让人一见钟情，更要有"内在美"，让人日久生情。不能停留在外在形态上，更需要通过内涵建设来体现乡村特色；不能简单地停留在农耕文化保护上，而要放在统筹城乡、推进城乡现代化的历史大进程之中。

美丽乡村建设不能局限于硬件设施的建设、公共文化服务的改善、生态环境的优化这样的物质和技术层面，还要深入体制机制层面，着力在农村产权制度改革、乡村社会治理机制创新上积极探索，真正融入农村经济建设、政治建设、文化建设、社会建设各方面和全过程，最终建成具有中国特色的社会主义新农村。

四、深入推进句容市美丽乡村建设的建议

1. 加强健全管理机制

建立完善的管理机制，确保美丽乡村建设能够得到更好的监

督，确保建设深入民心，切实满足农村居民的需求，让村民参与到建设中去。同时，要加强长期的运行机制建设，确保农村基础设施正常运行，要设立专门的维修管理部门，对农村基础设施进行定期维修保养。美丽乡村建设不是给外人看的，而是要让农民群众得实惠，为农民造福。美丽乡村建设不是"涂脂抹粉"，不能仅仅成为城里人到乡村旅游休闲的快乐"驿站"，而是要建成广大农民群众赖以生存发展、创造幸福生活的美好家园。美丽乡村建设的最终目的是让生活在本地的农民提升幸福指数。

2. 处理好政府与市场、社会的关系

美丽乡村建设投入大，不能靠政府用重金打造"盆景"，不能靠财政资金大包大揽，否则不可持续，也无法复制推广。要发挥市场配置资源的基础性作用，以财政奖补资金为引导，鼓励吸引工商资本、银行信贷、民间资本和社会力量参与美丽乡村建设，解决投入需求与可能的矛盾。

建立有效的引导激励机制，鼓励社会力量通过结对帮扶、捐资捐助和智力支持等方式，参与农村人居环境改善和美丽乡村建设，形成"农民筹资筹劳、政府财政奖补、部门投入整合、集体经济补充、社会捐赠赞助"的多元化投入格局。

对美丽乡村建设中的一些具体项目，要积极探索通过政府购买的方式，交由企业或市场去运作，形成长效运行机制。村庄内部的公共服务设施的维护和运行，也必须发挥农民自治和社会组织的作用，大力培育和发展乡村社会组织，探索农民自我组织、自我维护、自我管理的社会民主治理机制，最终形成"政府引导、市场运作、社会参与"的美丽乡村建设新格局。

3. 处理好美丽乡村"硬件"建设与"软件"建设的关系

美丽乡村既包括村容村貌整洁之美、基础设施完备之美、公共服务便利之美、生产发展生活宽裕之美，也包括管理创新之美。在完善村庄基础设施、增强服务功能的同时，要努力深化农村改革，创新农村公共服务运行维护机制、政府购买服务机制、新型社区治理机制和农村产权流转机制等。在美丽乡村建设中同步推进相关改革，进一步破解城乡二元结构，释放农村发展活力与潜力，营造与美丽乡村相适应的软环境，把美丽乡村建设成为农民的幸福家园。

美丽乡村建设除了做好标准化、均等化的基本性公共服务以外，还要在乡村特色上做好文章，切实把一些具有特色的古村落保护好，把乡村非遗项目传承好，把优秀的乡村文化发扬光大，而不是简单地用同质化的建设标准裁剪、改造乡村。

附录：句容市美丽乡村建设的典范

1. 句容戴庄村美丽乡村建设发展"生态农业"

句容市戴庄村位于南京市的东南郊、句容市南端的天王镇。东与金坛市交界，与九华山景区相接，北与句容市后白镇、郭庄镇为邻，距离句容市区约 23 千米。其基地紧邻 104 国道，离南京禄口机场 15 千米，离宁杭高速公路仅 6 千米。完善的交通网络体系使戴庄村具备了农村和城市承上启下的独特区位优势，其城乡交换和货物周转的轴心地位和作用也愈加明显。

目前，该村成立了戴庄有机合作社，并且采用"村社合一"的模式，通过"抓两头，带中间"的方式，在大力培育示范户的同时，把低收入农户吸纳到合作社中来。2003 年合作社成立之初，戴庄村全村低收入户人均收入就提高到 5000 元以上，合作社初步形成了"统分结合"的新型农业经营体系。2019 年，戴庄村实现人均可支配收入 31000 元，戴庄村发生了天翻地覆的变化。

在提高农民收入的同时，戴庄村进一步完善了乡村的基础设施，传承历史文化，保护生态环境，推进了基层民主建设，使当地群众能够实现就地发展，全面提升了农村社会的"造血功能"，从而连片打造出全村产业经济发展、村容村貌整洁、生态环境优美、资源节约利用、公共服务健全、文明乡风浓厚的美丽乡村新示范，逐步形成了"可融入、可快乐、可体验、可持续、有特色、有品位、有内涵"的人文历史与自然景象融为一体的美丽乡村新景观，进而辐射带动周边发展。2012 年戴庄村被评为镇江市级现代农业产业园区，2014 年被江苏省政府认定为省级现代农业产业园区，2020 年 9 月 8 日戴庄村入选江苏省乡村旅游重点村名录。

2. 句容唐陵村美丽乡村建设发展"产业文化"

唐陵村位于句容市天王镇，地处茅山西南角下，是典型的丘陵地貌。近年来，随着乡村的不断发展，唐陵村先后荣获全国创先争优先进基层党组织、"全国一村一品"示范村、全国农民合作社示范社、江苏省"五好"农民专业合作社示范社、江苏省创业孵化基地、江苏省民主法治示范村、省级重点农产品批发市场、江苏省最具魅力休闲乡村、江苏省四星级旅游基地等多项荣誉称号。

2008 年以来，唐陵村成立苗木合作社，发动党员带头做示范种植花卉苗木；2009 年成立句容市唐陵花木交易市场有限公司，won着手建设花木交易市场，建起了销售平台。在天王镇党委、政府的全力支持下，唐陵村以"天王华安彩叶苗木专业合作社"为载体，倾力打造"唐陵返乡农民创业孵化园"。唐陵村拥有 9 个经济合作社、1 个华东森林产品电商城、1 个花木交易市场、2 个园林公司和 200 多家苗木注册公司，周边发展苗木、从事苗木经营者有 5 万余人。成功打造樱花园、梅花园、紫薇园、葵花园、造型园"五大园区"。现在的唐陵村已是一处集立体生态、苗木产业、民俗文化和游购娱于一体的综合性休闲观光乡村旅游景点。

在发展产业的基础上，唐陵村不断打造文化名片。唐陵村文艺人员编排的"犟驴子""蚌蚌精"等节目多次亮相市级非遗民俗文化展演、百姓大舞台等舞台，深受群众喜爱。唐陵村注重挖掘历史文化、近代红色文化，开拓现代苗木文化，讲好唐陵故事，修缮唐妃墓和戴九成墓，重建新四军交通站，建好乡村大礼堂；在建好点的同时，组织学习评比，比如评选唐陵好人、好婆媳、好妯娌等，提高村民的参与度，并出台一些切合实际的村规民约，规范管理，不断提升村民素质。

随着各项功能的逐步完善，唐陵村总投资约 5000 万元的休闲养老项目已启动，建筑面积 1 万平方米，有 216 个床位，主要服务句容天王镇及周边城市老年居民，提供无偿或低收费的供养、护理服务，提供老有所养、老有所乐的服务场所。从 2017 年起，唐陵村实行二次分红，为全村 700 多名 60 岁以上老人购买意外保险，70 岁以上的每年补助 200 元，80 岁以上的每年补助 300 元，90 岁以上的每年补助 1000 元，100 岁以上的每年补助 2000 元；另外，为 70 岁以上老人购买新农合医疗保险。

3. 句容青山村美丽乡村建设发展"人文历史"

青山村位于句容市边城镇东部，因坐落于大青山脚下而得名。据史料记载，青山村始建于隋朝末年，以前称为青山街，历史悠久，迄今已有 1400 多年历史。村中古迹众多，文化底蕴深厚，被誉为"边城三宝"的八百年木瓜树、千年银杏树、亿年鱼化石，青山村就独占两样；宋朝宰相巫伋（巫朝润）出生于此村；建于南宋的青山庙，被誉为这里的"小东乡明珠"。历经千余年的洗礼，青山这个宁静的小村多了一份历史的厚重感，也蒸腾出悠远的文化韵味。目前，青山村全村面积 15 平方千米，耕地面积 4500 亩，现有农户 1150 户，人口为 3720 人，是理想的美丽乡村建设试点地，所以被句容边城镇确定为首批"江苏美丽乡村"建设示范村。

青山村美丽乡村建设通过强化投入、整体推进，成为村庄秀美、环境优美、生活甜美、社会和美的宜居、宜业、宜游的美丽乡村。

挖掘底蕴，着眼资源，打造人文青山。青山村人文荟萃，古物众多。自巫彦徽隋末在江苏句容青山南麓开基建村以来，历经唐宋元明清及民国，青山村迄今已有 1400 多年的历史。青山文化底蕴深厚，人杰地灵，名人辈出。青山古街青石板路历史悠久；千年古树银杏树更是闻名遐迩，被列为市级名贵苗木保护对象；建于南宋的青山庙已有千年历史，被喻为小东乡明珠；青山村发现的亿年鱼化石被视为边城瑰宝。青山村自美丽乡村建设以来，专门组织精干队伍对村中的名人轶事、古物掌故进行搜集整理，编印成册向外推介，扩大知名度。同时，紧紧围绕农民增收、增效的主题，利用区位、资源优势，大力发展葡萄、有机果品、茶叶等高效特色农业。目前，青山村种植葡萄 500 多亩，草莓 80 多亩，苗木、速生林 1300 余亩，形成了规模效应，涌现了一批农村经纪人，带动周边村庄发展高效农业，实现经济与生态良性循环。

试述绿色发展理念的"句容模式"

　　绿色发展理念是指以人与自然和谐为价值取向、以绿色低碳循环为主要原则、以生态文明建设为基本抓手的发展理念。绿色发展理念通常被深入浅出地表述为"两山理论",即"绿水青山就是金山银山"。"两山理论"诠释了人类与自然、生产与生态、发展与保护等重大关系。

一、绿色发展的含义

(一) 绿色发展的核心思想

　　绿色发展的核心思想指的是发展经济与保护生态达到共存亡的状态,注重循环持续利用资源,实现资源再生速度超过资源消耗速度,形成生产力得以健康持续发展的新型发展模式。以绿色发展观念作为旗帜,对环境的保护不再是经济发展的"累赘",而是与经济发展处于同一等级,并且我们必须逐渐将绿色发展的重要性排列在经济发展之前,使其成为促进经济健康永续发展的重要动力来源。

(二) 绿色发展的伦理含蕴

　　绿色发展的伦理含蕴,必须坚守以自己独特的科学理论作为基石,必须以现有的环境容量和资源承载力作为考核标准,实现发展的内生动力从耗能高、污染高的投资驱动和要素驱动转变为耗能低、污染低的健康可持续的创新驱动。作为走绿色发展道路的重要伦理原则的科技创新理论,是绿色发展观念的核心原则。

（三）绿色发展的方法论

新时代，我国无论是经济发展方式的调整转变，还是各类生态治理行动，都是从民生出发，最终要到达的是人民在美丽环境和物质收入方面拥有获得感，物质文明和生态文明实现协同发展。要从多角度寻找人与社会、人与自然的平衡点，广泛参与才能普惠全民，才能给子孙后代留下足够的生存发展空间。

安全、节约、统一可持续健康地发展是绿色发展所倡导的方法论准则，要从处理人与自然关系的角度出发，以构建健康的生活环境、绿色可持续发展的经济环境和公平的社会发展环境为目标，满足人民对幸福追求的最大化。

二、句容走绿色发展道路的时代意义

我国提出构建人类命运共同体，各国间要加强合作，共同应对环境变化，树立环保意识，走可持续发展之路，保护好地球家园才能实现世界范围内的可持续发展和人的全面发展。所以，绿色发展理念对我国当前经济产业调整升级、生态文明建设意义重大。

（一）句容走绿色发展道路的优势

句容的地貌是三面环山，中间一口湖，句容有山有水，湖光山色，环境优美；句容被誉为天下粮仓，是鱼米之乡、富庶之地。地处苏南的句容，拥有绿色发展的生态优势和社会经济基础。句容真山真水的自然禀赋得天独厚，在工业高度发达的长三角地区弥足珍贵，这是句容参与区域竞争最大的比较优势。好生态让句容在选择科技型、创新型产业上更具优势。

近年来，句容市把"生态领先、特色发展"作为核心价值追求，谋求既有金山银山，又有绿水青山。

（二）绿色发展是调整句容经济结构的重要引擎

党的十八大以来，生态文明建设纳入"五位一体"总体战略布局，受到社会各界的重视。践行绿色发展理念、保护自然生态环境对国家社会各方面的建设都有较大意义。对经济建设来说，转变经济发展方式有利于提高资源利用效率、保护自然环境，进而实现可持续发展；对生态建设来说，绿色发展就是在进行生态文明建设，二者侧重点虽各有不同，但根本目的是一致的，最终的效果也是相似的。

句容是国家级生态农业示范县，贯彻绿色发展理念，发展以应时鲜果、彩叶苗木、草畜种养、观光农业、特种水产等为特色的高效农业，有利于加快农业产业结构调整。句容地处我国民营经济发达的苏南地区，更应落实绿色发展理念，以产业优化升级为重点，加快传统产业低碳化改造，加快循环经济、节能环保产业发展。在句容第一和二三产业结构调整中，要让绿色发展理念成为重要引擎。

（三）绿色发展是句容经济高质量发展的必然选择

贯彻和践行绿色发展理念对现代化建设各环节意义重大。中国自改革开放以来，尽力改变经济落后面貌，用40多年的时间发展到今天的程度，经济社会实现了飞跃，但同样产生了较为严重的自然破坏情况。因此，必须改变过去的粗放型发展模式，走节约资源、保护环境的道路。

绿色发展强调经济发展方式的转变。回顾人类工业文明发展史，经济大幅度增长和工业化快速进步的同时，带来的是环境严重污染和资源日益紧缺，这类现象句容也曾出现过。近年来，句容经济高质量发展，必须树立绿色发展理念。

提出绿色发展理念与建设生态文明关系密切。建设生态文明的内涵包括资源节约、环境保护及生态系统的自然修复与人工修复相结合等，这些都可以归结为绿色发展方式。今后，句容经济高质量发展，必须走绿色发展道路。

三、绿色发展理念在句容的实践路径

（一）领导干部积极作为，助推绿色发展理念深入人心

各级政府的规划设计和有效监管是提升生态文明建设，实现由环境换取增长向环境优化增长转变，促进绿色发展的重要手段。

1. 夯实领导干部的生态文明建设责任

习近平总书记多次指出："生态环境是关系党的使命宗旨的重大政治问题""打好污染防治攻坚战时间紧、任务重、难度大，是一场大仗、硬仗、苦仗，必须加强党的领导"。句容市认真贯彻习近平总书记的指示精神，把生态问题上升到政治问题的高度，将生态环境保护作为党内政治生活的重要内容，将绿色发展理念融入党内监督和党治国理政实践中，让"关键少数"的党政领导担负起生态文明建设的政治责任。为便于对自然资源利用保护进行评估，句容市编制了自然资源资产负债表，记录山水林田湖河草等自然资源资产的存量、增量、构成、质量及空气质量等变化，将这些不断更新的"自然资源账"作为领导干部自然资源资产离任审计和生态文明建设年度评价的依据。将"党政同责、一岗双责、终身追责"进一步压紧压实。

2. 普及绿色发展理念，增强公众的环保意识

习近平总书记曾指出："生态文明建设同每个人息息相关，每个人都应该做践行者、推动者。要加强生态文明宣传教育，强化公民环境意识，推动形成节约适度、绿色低碳、文明健康的生活方式和消费模式，形成全社会共同参与的良好风尚。"句容市认真落实习近平总书记指示精神，充分利用传统文化理念，结合社会主义精神文明建设，通过政务平台、微信、微博和手机 App 等现代媒体，及时发布环境质量信息，普及生态文明知识，在全社会营造"像保护眼睛一样保护生态环境，像对待生命一样对待生态环境"的氛围。通过创建生态村、绿色学校和绿色社区等"细胞创建"工程，增强公众的环保意识，引导公众树立绿色消费观，自觉自愿地选择消费绿色产品，实践低碳生活，自觉进行垃圾分类，使珍惜资源、保护生态成为全市人民的主流价值观。

此外，句容还建立严格的生态文明失信惩戒制度，对于任何破

坏资源和生态环境的不文明行为，除追究企业和个人的责任，还将其作为严重失信记录，录入市级企业或个人信用信息数据库，并在各行业和领域广泛应用该记录。

（二）树立绿色发展理念，推动产业结构转型

1. 国家级生态农业示范县

近年来，通过实施生态环境改善工程和科技兴农工程，统筹山水林田湖草系统治理，句容农业一举从传统的粮油生产为主转变为以应时鲜果、彩叶苗木、草畜种养、观光农业、特色水产等为特色的高效农业，成为华东地区最大的有机食品生产基地。茅山有机农业示范园被原国家环保总局（现生态环境部）认定为国家级有机农业园区，该园区的丁庄葡萄现代农业产业园获评首批国家农村产业融合发展示范园。位于天王镇的江苏伊斯贝拉生态农业有限公司种植的草莓，价格是普通草莓的几倍，还供不应求。茅山镇"丁庄葡萄"，在产品质量提档升级的同时，获得了"国家地理标志保护产品"标志，葡萄价格增幅达30%以上。镇江恒顺集团把原料产地全部放在句容天王镇，并设立恒顺生态农业公司。句容充分利用森林资源丰富的优势，大力发展林下种植、养殖，现在"林下经济"总产值占全市农业总产值的近50%，成为句容农业发展的"半壁江山"。

2. 加快工业结构转型，推进绿色低碳发展

为贯彻"生态立市、绿色崛起"高质量发展战略，一方面，句容在产业的招商准入和培育上狠下功夫。好生态让句容在科技型、创新型产业上招商更具优势。句容严格执行《镇江市固定资产投资项目碳排放影响评估暂行办法》，产业发展结构越来越轻量化、绿色化。以产业优化升级为重点，加快传统产业低碳化改革，加快循环经济、节能环保产业发展。培育和引进光电子、新型建材、新能源等符合国家产业政策的新兴产业。鼓励重点企业通过技术改造，实现物料循环利用，减少物料、能量消耗和污染物的排放。另一方面，积极发展循环经济，构建生态产业链。句容下蜀临港工业集中

区以创建省级循环经济示范园为引领，引导园区企业强化产业链思维，通过循环化发展，最终形成园区产业低碳高效的经济大循环。

（三）加强铁腕治污，巩固绿色发展成果

为满足人民群众对美好生活的新要求，巩固绿色发展成果，实现可持续性的高质量发展，句容市进一步强化水、大气和土壤污染的治理。

1. 大力改善水环境，培育水生态文明

句容大力推进雨污分流及污水收集管网建设。在新开发的城区及开发区按分流制铺设污水管道，旧城区结合旧城改造由合流制逐步过渡到分流制。对乡镇污水处理厂进行提标改造，升级污水处理设施远程控制系统及运维平台，确保了乡镇污水处理厂的处理水平和城市污水处理厂一样，全部达一级 A。严格治理工业废水，确保工业废水全部达标排放。把句容水库、茅山水库、北山水库、二圣水库等作为备用水源地加以保护。全面完成城乡河道和村庄河流疏浚整治。坚持市、镇、村分级负责的原则，在深化"湖长制""河长制""断面长制"监管模式的同时，引入市场机制，公开招投标购买社会化服务，将全市 13 条骨干河道的管护交给具有管护资质的民营公司。统筹实施水环境保护和修复工程，强化水生生物多样化保护，种植、养殖或繁殖适宜在水中生长的动植物和微生物，增强水体的自净能力。通过积极推进水体整治和景观带改造，句容河呈现出一幅"水清、岸绿、景美"的水生态画卷，成为居民休闲娱乐的新去处。句容市提出：2025 年，国考断面水质优 III 类比例达到 80%，地表水丧失使用功能（劣于 V 类）的水体及黑臭水体基本消失。

2. 提升空气环境质量，打赢蓝天保卫战

在工业生产方面，句容针对臭氧已经成为 $PM_{2.5}$ 之后影响本地空气质量的第二大污染物的现状，开展化工、铸造、包装印刷、汽修和喷涂等行业挥发性有机物的专项治理；关闭 6 家治理不达标排放 VOCs（Volatile Organic Compounds）的企业，完成所有重点企业 VOCs 治理任务，同时加强对电力、水泥等行业脱硝处理。在农业领域，全行政区禁止露天焚烧秸秆，保持"零火点"；大力推广秸秆机械化还田，鼓励利用秸秆发展生物质能。在生活领域，实施能源绿色化改造，制定并实施系列"减煤"措施，大力推广电能和燃气替代；采取财政补贴公交车票等方式，鼓励市民优先乘坐公共交通工具，鼓励群众多骑车、常步行，绿色出行；针对燃放烟花爆竹对空气的污染，以南京市为榜样，全域禁燃烟花爆竹。在建筑行业，出台《句容市建设工程扬尘防控管理办法》，要求全市范围内房屋建筑、市政基础设施施工工地，严格按照建设工程扬尘治理"新政"组织施工。建立大气污染物联防联控监控体系，确保空气质量优于国家二级标准，空气质量优良天数达 90%。

3. 开展土壤污染防治，持续改善土壤治理

土壤污染治理周期长，成本高。为避免土壤先污染后治理修复的被动模式，句容全面实施"土十条"，将工业类项目向园区集中，严格限制园区外土地作为工业用地，坚决防范新增土壤污染。建立土壤监测网络，开展土壤污染状况详查，建立污染地块名录和开发利用的负面清单。定期对排放重金属、有机污染物的工矿企业及污水、垃圾、危险废弃物等处理设施周边土壤进行监测，被污染地块，限期予以治理。将污染严重且难以修复的土地划为林业用地，种植适宜树木，吸收降低污染，改良土壤生态。全面实施农业面源污染治理，采用财政补贴方式，有偿回收农药包装废弃物，开展粮食产区、蔬菜基地和集中式饮用水源地土壤环境质量动态监测。实施菜、果、茶有机肥替代化肥行动，推广测土配方施肥的水肥一体化技术，取消化肥农药的国家补贴，改为使用有机肥补贴。加快推进病虫绿色防控技术的运用，实现农药零增长。开展耕地轮作休耕制度试点。

在句容，从党政领导到普通群众，从田间农业生产到园区企业

转型，再到污染治理，绿色发展理念已经深入人心，已经成为句容产业结构转型、经济高质量发展的重要引擎。总结绿色发展理念在句容的实践经验，梳理绿色发展在句容生产、生活中的实践路径，对于推动句容生态文明建设，推动江苏高质量发展，意义重大。

句容推进绿色发展建设生态文明研究

句容的"句"字,很形象地说明了句容的地貌是三面环山,中间一口湖,句容有山有水,湖光山色,环境优美;"容"字是上面一个宝盖,下面一个"谷"字,表明句容是天下粮仓,鱼米之乡,富庶之地。地处苏南的句容,拥有绿色发展的生态优势和社会经济基础。近年来,句容市把"生态领先、特色发展"作为核心价值追求,谋求既有金山银山,又有绿水青山。

一、句容市生态文明建设的优势条件

句容作为苏南后发区域,良好的生态环境是特色所在、优势所在和潜力所在,是句容最具魅力的独特品牌。

(一)生态文明扎实推进

近年来,句容认真贯彻绿色发展理念,先后获得中国优秀旅游城市、国家卫生城市、国家环保模范城市、国家生态市,正在创建全国文明城市;编制了《句容市生态文明建设规划》,划定了句容市"十三五"时期城市开发边界、基本农田保护红线和生态保护红线,进一步明确了6个大类19个生态红线保护禁开发区域,占全市总面积的22.73%。全市严守"生态红线",确保"红线"成"实线"。

(二)聚才生态持续优化

句容借助宁镇扬一体化和扬子江城市群等区域融合发展的重大机遇,放大"离生态很近,离都市不远"的区位生态环境优势,把优质生态作为吸引高端产业和人才的重要砝码，扩大和吸收科技型企业、科技工作者等创业创新主体。开发区江苏省高新技术创业服务中心句容分中心创成国家级众创空间和国家级科技孵化器，边城镇获批第一批国家苏南自主创新示范区试点镇和国家火炬计划特色产业基地，天晟药业荣获 2018 年度国家科技进步二等奖，一个产业有一个团队支撑的产业发展模式正在加快形成。

（三）产业结构绿色转化

句容按照"两聚一高"新要求，把绿色发展作为推进生态经济的关键举措，以"263"专项行动为抓手，淘汰落后产能企业。在加速传统产业绿色化重构、生态化提升的同时，推进新能源、新材料、绿色建材、智能制造四大特色产业转型升级，半导体、机器人、新能源汽车等新兴产业正在形成。规模以上工业企业中有 40%以上已建立自己的研发中心。新能源、新材料、绿色建材、智能制造等主导产业产销两旺，高新技术产业产值占规模以上工业总产值的 37.5%。

二、句容生态文明建设的短板

句容市生态文明建设走在全国前列，但生态文明建设工作取得的成效与人民群众期盼相比仍存在着较大差距。

（一）农村环境监管相对滞后

由于政府长期对环境保护采取城市与农村分而治之的策略，环境监管主要集中在城市，对农村的环境监管投入非常有限。句容市现有的环境保护组织管理机构在镇一级存在着薄弱环节，环保局只是分片配置了少量监管人员，缺少专业人员及必要装备。这种配置不仅不能及时执法，处理突发事件的应急能力也很差。例如，镇级污水处理厂设施维护管理不到位问题得不到有效解决，已建设施运行不稳定，有的甚至沦为"晒太阳"工程，各类秸秆、畜禽养殖的污染依然存在。

（二）经济增长方式粗放

句容市总体上处于工业化、城镇化加速发展阶段，工业结构以建材、化工、机电、建筑业为主，其中，传统的高污染行业，在工业产值中的比重高居71.6%，产业发展不协调且产业结构偏重，产业层次偏低，产业链不长，多数企业是单打独斗，能源消耗总量偏大，污染物排放量居高不下。句容的企业大多是中小微型，缺乏形成集聚效应的产业链高端环节项目，绿色技术创新的基础薄弱，技术选择环境较差，生态工艺应用较少，规模小转型难的现象十分突出，生态优势未形成产业优势。句容的绿色产业仅在农业上有所体现，没有成为一二三产的产业框架。

（三）垃圾分类推进缓慢

句容落实《生活垃圾分类制度实施方案》不到位，垃圾分类标准不够具体，过于笼统，垃圾回收实施也过于简单，仅止于将垃圾桶分为"可回收"与"不可回收"两类，百姓也很少分类投放，而且环卫工人在收集时又将各类垃圾合在一起。有些小区仅放置混装垃圾桶，有些乡村甚至连垃圾桶都没有。由于政府倡导的力度不大，所以垃圾分类的群众基础不足。同时，句容缺乏餐余垃圾、建筑垃圾和有毒有害垃圾的处理设施。农村垃圾收集转运能力有待加强。

三、句容把生态优势转化为发展优势的路径思考

党的十九大报告指出，我们要建设的现代化是人与自然和谐共生的现代化。句容市要把生态优势转化为发展优势，必须走绿色发展之路。

（一）把"绿色+"融入经济社会发展

绿色发展是资源节约、环境友好型的发展，是一种理论，也是一种能力。

1.加快工业结构转型，推进绿色低碳发展

句容真山真水的自然禀赋得天独厚，这在工业高度发达的长三

125

角地区弥足珍贵，是句容参与区域竞争最大的比较优势。好生态让句容在选择科技型、创新型产业上更具优势。为贯彻"生态立市、绿色崛起"战略，句容在产业的准入和培育上狠下功夫，严格执行《镇江市固定资产投资项目碳排放影响评估暂行办法》，产业发展结构越来越轻量化、绿色化。句容以产业优化升级为重点，加快传统产业低碳化改造，加快循环经济、节能环保产业发展；培育和引进光电子、新型建材、新能源等符合国家产业政策的新兴产业；鼓励重点企业通过技术改造实现物料循环利用，减少物料、能量消耗和污染物的排放。

2. 园区工业循环化，构建生态产业链

句容下蜀临港工业集中区以创建省级循环经济示范园为引领，引导园区企业强化产业链思维，通过循环化发展，最终形成园区产业低碳高效的经济大循环。建华建材（中国）有限公司（以下简称"建华管桩"）、华电江苏能源有限公司（以下简称"句容华电"）、句容台泥水泥有限公司（以下简称"台泥水泥"）、镇江北新建材有限公司（以下简称"北新建材"）4家企业是临港工业区的重点骨干企业。句容华电发电多余的热蒸汽，为工业集中区多家企业集中输送热能。电厂生产过程中产生的副产品脱硫石膏是北新建材石膏板生产的重要原料，燃煤产生的粉煤灰可作为建华管桩、台泥水泥和北新建材的产品原料。建华管桩与台泥水泥两家企业只有一墙之隔，建华管桩每年购进80万吨水泥，约占台泥水泥总产量的三分之一，运输接近零成本。建华管桩与句容毅马五金制品有限公司（以下简称"毅马五金"）近在咫尺，两家企业每年节约产品运输成本约一个亿，达到了节能降耗、减污增收的效果。目前，园区内近20家规模企业的产品和生产废弃物大都在内部或相互间循环利用，初步形成工业共生、物质循环为特征的生态工业园区。句容经济开发区的生态工业园也顺利入选全省循环化改造示范园区。

3. 强推垃圾分类，让垃圾变废为宝

"世上没有垃圾，只有放错地方的宝藏。"挖掘废弃物的剩余价值，物尽其用，是绿色发展的要求。由于厨余垃圾占比较大、含水率高且易腐烂发臭，句容市依据国务院下发的《生活垃圾分类制度实施方案》和《生产者责任延伸制度推行方案》，制定了《句容市城乡生活垃圾分类和治理专项规划》《句容市餐厨废弃物收运及处理专项规划》《句容市中心城区建筑垃圾处理规划》，对产生油污较大的餐饮单位采取垃圾强制分类，实行分装分运，全市公共机构及企事业单位实行"不分类、不收运"，由专业公司统一收集处理。在有条件的单位推广使用小型餐厨垃圾处理机。在社区结合居民生活习惯，细化垃圾分类收集标准及垃圾分类收集体系和设施，用"能卖拿去卖，有害单独放，干湿厨余垃圾分开放"的实操口诀，广泛开展垃圾分类的养成教育，使之成为公众的自觉意识和行为。在一些居民小区，居民们还可以将回收的垃圾用来抵缴物业费，用废旧物品换取花卉盆景植物，营造家庭绿色生活环境。推广社区"跳蚤市场"和"换物超市"，引导居民实现旧物的交换利用。农村环保则采用"会烂"和"不会烂"这样接地气的垃圾分类方式，"会烂"的就地发酵堆肥，"不会烂"的再看能不能换钱。经过一段时期的治理，句容市各村运往垃圾处理厂的垃圾越来越少，村子却越来越干净了。句容在垃圾中转站增加了垃圾分选程序，对可回收物进行资源化利用。为解决生活垃圾的处理问题，句容新建了日处理能力达 700 吨的绿色动力句容垃圾焚烧发电厂。

除继续推行以上措施外，建议整合城郊废品收购点；规范设置一个再生资源回收市场，各镇至少设置一个再生资源回收站点；借鉴上海市生活垃圾分类三级"桶长制"的做法；引进市场上的建筑垃圾资源化利用的技术。

4. 做优农旅融合，带动乡村振兴

乡村是生态环境的主体区域，生态是乡村最大的发展优势。

《中共中央　国务院关于加快推进生态文明建设的意见》要求，把农村丰富的生态资源转化为农民致富的绿色产业。句容地处南京都市圈核心圈层，优越的交通区位条件和丰富的自然人文资源，为句容发展以生态休闲旅游为标志的 "美丽经济" 创造了难得的条件。茅山、宝华山、九龙山等景区山川秀丽，空气清新，植被密布，溪流泉涌，已经成为回归自然的康养胜地、自然生态文化的主题公园。AAAAA 级风景区茅山景区开创了 "山里问道，山边军号，湖畔养生，美丽乡村" 的全域旅游新格局，茅山康生缘养生谷入选国家首批中医药健康旅游示范基地，2018 年句容获评 "全国森林旅游示范县"。句容市依托全市农业生态、宗教养生、乡村旅游等优质资源，以举办各类休闲农业与乡村旅游节庆活动为载体，打造了一批以高产高效和绿色生态为特色的创意农业园，形成集观光休闲、民俗文化、农技科普等为一体的农旅融合模式。天王镇的乡村旅游以 "绿" 为主题，建设绿色景点，开发绿色农产品。该镇的唐陵村入选全国生态文化村，戴庄村被农业农村部评为 "全国最美休闲乡村"。后白镇以花为主题，让游客全年有花看。下蜀镇以茶为媒，形成了以茶产业、茶文化展示为一体的生态乡村旅游带。茅山镇打算用 3 年时间，将全镇打造成具有鲜明特征的 "国家农业公园"。作为全国全域旅游创建示范单位，句容正在农村全域开展国家农业公园建设，让农田变公园，处处有乡愁，处处是风景。

（二）以铁腕治污来彰显生态品质

为满足人民群众对美好生活的新要求，句容市强化对水、大气和土壤污染的治理。

1. 大力改善水环境，培育水生态文明

句容大力推进雨污分流及污水收集管网建设。新开发的城区及开发区按分流制铺设污水管道，旧城区结合旧城改造由合流制逐步过渡到分流制。对乡镇污水处理厂进行提标改造，升级污水处理设施远程控制系统及运维平台，确保乡镇污水处理厂的处理水平和城市污水处理厂一样，全部达一级 A，同时启动村级污水处理设施建设。严格治理工业废水，确保工业废水全部达标排放。把句容水库、茅山水库、北山水库、二圣水库等作为备用水源地加以保护。全面完成城乡河道和村庄河塘疏浚整治。坚持市、镇、村分级负责的原则，在深化"湖长制""河长制""断面长制"监管模式的同时，引入市场机制，公开招投标购买社会化服务，将全市 13 条骨干河道的管护交给具有管护资质的民营公司。统筹实施水环境保护和修复工程，强化水生生物多样性保护，种植、养殖或繁殖适宜在水中生长的动植物和微生物，增强水体的自净能力。通过积极推进水体整治和景观带改造，句容河呈现出一幅水清、岸绿、景美的水生态画卷，成为居民休闲娱乐的新去处。句容市提出到 2025 年，国考断面水质优 III 类比例达到 80%，地表水丧失使用功能（劣于 V 类）的水体及黑臭水体基本消失。

2. 提升空气环境质量，打赢蓝天保卫战

句容针对臭氧已经成为 $PM_{2.5}$ 之后影响全市空气质量的第二大污染物的现状，开展化工、铸造、包装印刷、汽修和喷涂等行业挥发性有机物的专项治理，关闭 6 家治理不达标排放 VOCs 的企业，完成所有重点企业 VOCs 治理任务。同时加强对电力、水泥行业等品脱硝的处理。采取财政补贴公交车票等方式，鼓励市民优先乘坐公共汽车等公共交通工具。配套建设安全和换乘方便的公共自行车及人行道系统，鼓励市民多使用自行车，多步行。全行政区域禁止露天焚烧秸秆，保持"零火点"。大力推广秸秆机械化还田，鼓励利用秸秆发展生物质能。实施能源绿色化改造，制定并实施系列"减煤"措施，大力推广使用电能和燃气，完成天然气通气覆盖范围内燃煤炉窑淘汰改造工作，位于下蜀镇的江苏毅马铸锻有限公司已改用天然气加热炉加热钢坯后压延生产管桩用端头板，能耗从原来每年 2.2 万吨标准煤降低至 9775 吨标准煤。正在建设的句容电厂二期项目采用二次再热技术，比一期工程热效率高出 2.6%，年减少燃煤消耗约 11 万吨。出台《句容市建设工程扬尘防控管理办法》，要求全市范围内房屋建筑、市政基础设施施工工地，严格按照建设工程扬尘治理"新政"组织施工。建立大气污染物联防联控和监控体系，确保空气质量优于国家二级标准，空气质量优良天数达 90%。燃放烟花爆竹对空气的污染不可小视，建议全域禁燃烟花爆竹。

3. 开展土壤污染防治，持续改善土壤质量

土壤污染治理周期长，成本高。为避免土壤先污染后治理修复的被动模式，句容全面实施"土十条"，将工业类项目向园区集中，园区外土地严格限制作为工业用地，坚决防范新增土壤污染。建立土壤监测网络，开展土壤污染状况详查，建立污染地块名录和开发利用的负面清单。对污染严重、不宜开发的地块，禁止流入市场。定期对排放重金属、有机污染物的工矿企业及污水、垃圾、危险废弃物等处理设施周边土壤进行监测，造成污染的按照《土壤污染防治行动计划》和《江苏省土壤污染防治工作方案》限期予以治理。推进关停搬迁企业污染场地生态修复。被污染地块修复后环境质量不能满足用地要求的不得进行二次开发利用。将污染严重且难以修复的土地，划为林业用地，种植适宜树木，吸收降低污染，改良土壤生态。全面实施农业面源污染治理，采用财政补贴方式，有偿回收农药包装废弃物。开展粮食产区、蔬菜基地和集中式饮用水源地土壤环境质量动态检测。实施菜、果、茶有机肥替代化肥行动，推广测土配方施肥的水肥一体化技术，取消化肥农药的国家补贴，改为使用有机肥补贴。加快推进病虫绿色防控技术，实现农药零增长。开展耕地轮作休耕制度试点。

4. 推广畜禽粪便资源化利用，实现畜牧绿色发展

依据《畜禽养殖禁养区划分技术指南》，句容将全市规模养殖场集中到养殖区，取缔禁养区内畜禽养殖场。严格落实"以地定畜、农牧结合、循环发展"的要求，将畜禽养殖业与种植业有机结合，落实畜禽养殖户污染治理主体责任，按照"谁污染，谁治理"

的原则，强制推广"规模养殖+沼气发电+绿色种植"循环农业发展模式，要求规模养殖场必须流转相应规模的用于种植的土地，以种定养，同时必须建畜禽排泄物堆放池并进行干湿分离，液态的用于生产沼气，沼液经过厌氧和有氧处理，再与一定比例的水进行搭配稀释，用于灌溉。沼渣则生产固体有机肥或直接还田。对使用沼气和有机肥的农户给予财政补贴。茅山丁庄奶牛场采用沼气发电和粪便制造有机肥的处理模式，形成了一个绿色循环链条，在这方面起了一个很好的带头示范作用。句容正在考察"渔樵模式"。"渔樵模式"是用农业方式解决农业问题的模式，是种植养殖结合、常规有土种植与自然水体无土种植结合的生态农业，适用于净化自然界的富养水体、畜禽养殖带来的黑臭水体。建设畜禽粪污集中处理中心，解决中小型养殖户难以自行处理畜禽粪便的难题。目前，句容规模畜禽养殖场粪便无害化处理与资源化利用率达到95%以上。为有效提升病死畜禽无害化处理率，句容建立了养殖保险与病死畜禽无害化处理联动机制，将病死畜禽无害化处理作为保险理赔的前提条件。同时，句容正在与南京农业大学合作建设病死动物无害化处理中心，将病死畜禽转化为农作物生产的"益生菌"、动物油或生物柴油。

（三）以政府积极作为助推生态文明

政府的规划设计和有效监管是提升生态文明建设，实现由环境换取增长向环境优化增长转变，促进绿色发展的重要手段。

1. 落实主体功能区规划，优化国土空间布局

句容是苏南西部水源涵养区、南京都市圈中重要的生态功能区。句容市制定并全面落实《句容市主体功能区实施规划》，严格按照优化开发、重点开发、限制开发、禁止开发的主体功能定位，加强生态空间管制。优化开发区域中心城区和宝华镇，开发强度控制在25%。中心城区是句容人口经济集聚的核心区，以现代服务业和高新技术产业为主；宝华镇依托紧邻南京仙林大学城优势，打造

南京东部新兴的科技和生活配套服务区、大学生群体创新创业基地。重点开发区域下蜀镇和郭庄镇，开发强度控制在 30%。下蜀镇依托长江岸线资源，集中建设临港产业发展区；郭庄镇依托宁杭城际枢纽和南京禄口机场，建设以先进制造和专业物流为主的特色镇。限制开发区主要集中在农业区。中部和西南部两大农业片区是句容及周边城市重要的农产品供应区，北部丘陵农业区适度发展茶叶、花卉苗木等产业，东南部丘陵农业区结合丘陵地区农业综合开发，重点发展有机水稻、茶叶、花卉苗木和特色畜禽养殖等产业。禁止开发区包括宝华山、茅山、赤山湖及周边水库三大生态保护区域，是句容乃至苏南地区重要的生态服务功能区和水源涵养区，也是重要的休闲旅游度假区，除进一步完善路网、水网、电网等基础设施和旅游项目外，禁止任何形式的开发，退出已有的工业企业。

2. 推广生态农业新技术，实现乡村绿色发展

句容是国家级生态农业示范县。近年来，通过实施生态环境改善工程和科技兴农工程，统筹山水林田湖草系统治理，句容的农业生产一举从传统的粮油生产为主转变为以应时鲜果、彩叶苗木、草畜种养、观光农业、特种水产等为特色的高效农业，成为华东地区较大的有机食品生产基地。茅山有机农业示范园被原国家环保总局（现生态环境部）认定为国家级有机农业园区，该园区的丁庄葡萄现代农业产业园获评首批国家农村产业融合发展示范园。戴庄村把全村的山水林田草看作一个生命共同体，按地貌类型进行适宜的生态农业布局，摸索出一套以培育生物多样性、修复农田有机农业生态系统为主要手段的生态农业技术新体系。2017 年 7 月，江苏句农生态农业发展有限公司与戴庄有机农业合作社，携手土山土水生态园共同组织南京市民体验稻田放青蛙活动。该村的有机稻米卖得比市场价高，销量却一直领跑，不仅卖出了农产品，也将蕴含其中的生态环境价值和文化价值体现了出来，提升了农产品附加值。位于天王镇的江苏伊斯贝拉生态农业有限公司种植的草莓，价格是普通

草莓的几倍，却供不应求。茅山镇"丁庄葡萄"，在产品质量提档升级的同时，获得了"国家地理标志保护产品"标志，葡萄价格增幅达 30%以上。镇江恒顺集团把原料产地全部放在句容天王镇，并设立恒顺生态农业公司。句容充分利用森林资源丰富的优势，大力发展林下种植、养殖，现在，"林下经济"总产值占全市农业总产值的近 50%，成为句容农业发展的"半壁江山"。

3. 普及绿色发展知识，积极弘扬生态文化

习近平总书记指出："生态文明建设同每个人息息相关，每个人都应该做践行者、推动者。要加强生态文明宣传教育，强化公民环境意识，推动形成节约适度、绿色低碳、文明健康的生活方式和消费模式，形成全社会共同参与的良好风尚。"党的十九大报告同样指出，我们"倡导简约适度、绿色低碳的生产生活方式，反对奢侈浪费和不合理消费，开展创建节约型机关、绿色家庭、绿色学校、绿色社区和绿色出行等行动"。句容市认真落实习近平总书记指示和党的十九大报告精神，充分利用道教和佛教的传统文化理念，结合社会主义精神文明建设，通过政务平台、微信微博和手机App 等现代媒体，及时发布环境质量信息，普及生态文明知识，树立生态文明建设先进典型，曝光重大环境违法和生态破坏事件。在全社会营造"像保护眼睛一样保护生态环境，像对待生命一样对待生态环境"的氛围。通过创建生态村、绿色学校和绿色社区等"细胞创建"工程，提高公众的环保意识，引导公众树立绿色消费观，自觉自愿地选择消费绿色产品，实践低碳生活，自觉进行垃圾分类，使珍惜资源、保护生态成为全市人民的主流价值观。句容市认真落实《节能产品政府采购实施意见》《环境标志产品政府采购实施意见》，政府采购实行强制采购节能产品和优先采购环保产品的基本制度，全面营造绿色办公环境。句容建立了严格的生态文明失信惩戒制度，对于任何破坏资源和生态环境的不文明行为，除追究企业和个人的责任，还将其作为严重失信记录，录入市级企业或个

人信用信息数据库，并在各行业和领域广泛应用该记录。

4. 将生态文明融入政治文明，让"关键少数"担负起政治责任

习近平总书记指出，"我们不能把加强生态文明建设、加强生态环境保护、提倡绿色低碳生活方式等仅仅作为经济问题，这里面有很大的政治""生态环境是关系党的使命宗旨的重大政治问题""打好污染防治攻坚战时间紧、任务重、难度大，是一场大仗、硬仗、苦仗，必须加强党的领导"。句容市认真贯彻习近平总书记的指示精神，把生态问题上升到政治问题的高度，以对待政治生态问题的严肃态度来对待自然生态问题，将生态环境保护作为党内政治生活的重要内容，将绿色发展理念融入党内监督，融入党治国理政实践中，让"关键少数"担负起生态文明建设的政治责任。认真贯彻《镇江市生态文明建设目标评价考核实施办法》，对资源利用、环境治理、环境质量、生态保护、增长质量、绿色生活、公众满意程度等方面的变化趋势和动态发展进行评估。为便于对自然资源利用保护进行评估，句容市编制了自然资源资产负债表，记录山水林田湖河草等自然资源资产的存量、增量、构成、质量及空气质量等变化，将这些不断更新的"自然资源账"，作为领导干部自然资源资产离任审计和生态文明建设年度评价的依据。将"党政同责、一岗双责、终身追责"进一步压紧压实。

习近平总书记强调："小康全面不全面，生态环境质量很关键。"只要句容高擎绿色发展大旗，高水平全面建成小康社会的目标就一定能如期实现。

句容市加快新型城镇化
与生态文明建设融合发展研究

当前我国城镇化率达 52.6%，中国已经进入保持高速发展的艰难岁月。新型城镇化，正是在这一形势下推进中国经济社会持续高速发展的主导模式。十九届五中全会提出要完善新型城镇化战略、美丽乡村、现代产业、生态环境和人文环境等进行综合、高质量发展，以此建设生产发达、生活美好、生态美丽的宜居空间。

一、生态文明和新型城镇化融合发展的时代内涵

在过去的城镇化建设进程中，盲目追求地区生产总值的政绩导向，导致片面追求城市规模的外延型扩张，城镇化率提高了，但城镇的生态承载能力下降，城镇生态脆弱性不断加强，出现了资源短缺、环境污染等制约城市持续健康发展的问题。新型城镇化的最大特点是"新"，即城乡统筹、城乡一体、产城互动、节约集约、生态宜居、和谐发展，充分注重城市主体的"人"的发展，它不是简单的城市人口比例增加和规模扩张，而是强调要从物的城镇化转化到人的城镇化，从外延扩张、粗放发展转向内涵、集约为主，通过结构化实现经济发展方式转变，最终实现人与自然的和谐发展。

生态文明建设以保护自然环境和经济可持续发展为基础，追求有效的经济增长，强调人与自然和谐相处，倡导建立可持续的生产方式和生活方式，形成节约能源和保护生态环境的增长方式、消费模式和良好的生态环境。其本质要求在于高效率、低耗能、互利共

生，核心在于人与自然和谐发展，经济效益、社会效益、生态效益内在统一，最终建设资源节约型、环境友好型社会。

党的十九大将坚持人与自然和谐共生作为新时代坚持和发展中国特色社会主义的基本方略之一，将污染防治作为全面建成小康社会必须打好的三大攻坚战之一，将建设美丽中国作为建成社会主义现代化强国的目标，在党章中增加"增强绿水青山就是金山银山的意识"等内容。2018年3月通过的宪法修正案将生态文明写入宪法，实现了党的主张、国家意志、人民意愿的高度统一。

在新型城镇化过程中融入生态文明建设，在产业强市、精美城市、美丽乡村、人文风尚上持续发力，建设资源节约型、环境友好型、绿色的、环境优美的宜居城镇，最终实现人与自然的和谐发展、高质量发展，是当前美丽城乡建设的主旋律。

二、句容市在新型城镇化进程中加强生态文明建设的实践

句容市以"一福地四名城"为底本，以生态为底色，以"美丽句容"为城市名片，持续推进生态型城镇建设。

（一）规划"美丽句容"建设蓝图

句容市的山水资源十分丰富，素有"五山一水四分田"之说。境内气候温和，山水秀丽，人文荟萃，古迹众多。聚焦最美生态环境，坚持以人为本，是句容市规划建设"山水田园福地"的内在基础。

当前，长三角一体化、宁镇扬一体化发展格局不断推进。句容市紧邻南京，水陆交通畅达，地铁通车，经济发展将面临省会城市强大的虹吸效应。句容市必须打造自己的城市核心竞争力。充分发挥丰富的山水人文资源优势，打造美丽宜居、生态文明的美丽城乡，集聚人口、人才等资源，留住流量，在长三角一体化中，以"美"为内核差异化发展，推动城市增值，是当前句容市推进新型

136

城镇化的重要战略定位。

"美丽中国"是习近平总书记亲自布局的重大举措。2020 年年中，江苏省委、省政府提出"美丽江苏"建设。句容市委、市政府立足山水人文和区位优势，从新时代、新要求和句容发展面临的新阶段、新实际出发，以生态型发展为方向，以"美丽句容"为城市名片，贯彻习近平总书记"美丽中国"和省委"美丽江苏"的要求，提出以"美丽句容"为关键抓手引领未来发展，确立"一福地四名城"——山水田园福地、创新创业名城、宜居宜游名城、养老养生名城、历史文化名城的城镇化建设战略定位，纵深推进"一福地四名城"建设，建设"具有最佳人居环境的宜居宜游名城""具有最美生态环境的养生养老名城"，打造"长三角最令人向往的山水田园福地"，推进句容市生态文明和新型城镇化融合发展。

（二）构建新型现代生态农业格局

把生态文明理念融入农业生产，改变传统农业的发展方式，促进生态农业的专业化、规模化、节约化生产，不仅可以大大改善生态环境，促进人与自然的和谐共生，也可以为新型城镇化的发展提供强大的动力。句容市立足本地农业特色，以生态和可持续发展理念不断引导和推进生态农业发展。

1. 以生态农业新技术引领生态农业发展

从 20 世纪 80 年代农技专家赵亚夫从日本引进草莓种植技术开始，句容市在乡村大力构建生态农业体系，推动农业发展规模化、产业化、高科技和生态安全，减少污染和土地退化，实现农业与自然生态和谐共存、优质发展。句容市以农业标准化和现代化生产技术推进产业链各环节质量管控，健全绿色质量标准体系和可追溯体系。以农业专家赵亚夫为核心组建的 33 人的亚夫团队工作室活跃在田间地头，推广生态农业新技术，为全市 100 多个农业专业合作社提供技术支持。全国"无公害大棚草莓"国家标准化示范区白兔镇，积极引进真空冷冻干燥技术，极大提高了草莓等鲜果的保鲜期和销售周期；葡萄品种不断更新，精品"阳光玫瑰"葡萄在南京金鹰专柜热销。优质的生态稻米——戴庄有机大米采用的有机水稻栽培技术和生产经营模式在全市推广。种桃户养殖鸡鸭，形成"林果+草+畜禽"有机农业生态系统；养猪户采用发酵床养猪的"有机养殖法"。近年来，随着生态农业新技术不断被引进农业生产流通的各个环节，智慧农业概念也被引进句容市的农业发展，智慧农业的生产观念正不断深入人心。

目前，全市范围内已经构建形成了以茶叶、草莓、花卉、水蜜桃、葡萄、无花果、有机稻米、苗木等为主的生态农业体系，新型生态农业格局正在构建形成。

2. 以品牌建设推进生态农业发展

2016 年起，句容茅山镇将原来几十个葡萄品牌统一技术标准、统一商品标准、统一供货渠道，统一"丁庄葡萄"品牌；2017 年获得国家地理标志保护产品称号，此后连续 3 年登陆央视农业频道节目；2019 年入选中国农业品牌目录；丁庄村获评中国特色产业村和中国葡萄之乡，入选国家首批农村创业融合发展示范园创建单位名单，品牌推广促进区域内生态农业全面发展。"茅山镇葡萄小镇"被列入江苏省农业特色小镇名录。白兔镇建成全国"无公害大棚草莓"国家级标准化示范区。戴庄村被评为全国文明村、全国最美休闲乡村，被生态环境部连续两次核定为有机食品基地。戴庄米、西冯草坪获评国家地理标志商标。

3. 建立专业合作社，促进生态农业规模化、专业化和高效化发展

句容市在培育生态农业体系中大力推进专业合作社联社机制，促进生态农业规模化、专业化和高效化发展。近年来，全市出现了19 个农民专业合作联社，培育出"戴庄有机农业""丁庄老方葡萄""强民稻米"等15 个国家级示范合作社。丁庄万亩葡萄专业合作联社联通了全镇 5 个行政村、7 家合作社、37 家家庭农场、1027

家种植户，入选全国"开展联合合作，提升市场竞争能力"的典型案例。唐陵花木交易市场带动邻近的金坛市、溧阳市、溧水区等地发展花木种植达 30 万亩，带动农户达 8 万户，花木远销上海、山东、四川等全国 20 多个省、市。专业合作联社的大力推广和建立，有力地促进了全市生态农业的发展。

生态农业的高效发展，生态农产品的加工、流通及生态农业观光旅游业的发展，不仅大大提高了农产品的附加值，提高了农民的收入，加速促进了农业人口向二三产业的转移、与一二三产业的融合，而且改善了乡村的自然环境风貌，为句容打造"山水田园福地"提供了良好的生态环境基础，为新型城镇化发展提供了强大的动力。

（三）打造绿色视觉的全域生态发展体系

句容市紧密结合山水人文优势和区域优势，以山水人文视野和山水林田湖草是一个生命共同体的新系统观，持续打造和推进绿色视觉的全域旅游，实现农文旅融合发展，加强全域绿色生态体系建设。

1. 融人文与生态为一炉的宝华山国家森林公园

宝华山森林景观独特，森林覆盖率高达 92%，目前规划开发了隆昌寺景区、国际生态社区、动植物观赏景区、度假村景区等 40 多个旅游投资项目，形成了以森林景观为主体、融自然景观和人文景观为一炉，以名山古寺为依托，集自然保护、森林旅游、避暑度假、疗养健身、休闲娱乐、科普教育于一体的国家级森林公园。

2. 集景观、文化与生态于一体的赤山湖湿地公园

句容赤山湖湿地公园秉持着"生态优先、科学修复、适度开发、合理利用"的原则，积极恢复湿地公园的本来面貌，公园范围内自然湿地率接近 100%。赤山湖国家湿地公园共分为赤山湖湖区、花兰墩、白水荡三大板块，已经初步规划形成了"湖面广阔、河流环绕、滩涂交织、岛屿点缀"的生态格局。近年来，赤山湖景区依

托良好的自然资源和社会资源积极开展旅游、骑行、登山、毅行、慢行和户外露营等项目，建成环湖 15 千米的"江南第一骑行绿道"。2015 年至 2017 年，赤山湖湿地公园连续 3 年成为"环太湖国际公路自行车赛"句容赛段起点，举办"江苏句容赤山湖冬泳比赛""长三角铁人三项邀请赛"，2017 年成为江苏句容首届国际马拉松赛事终点。赤山湖湿地公园集景观、文化、生态于一体，2018 年被正式授牌赤山湖国家湿地公园。

3. 高起点、高标准整体规划编制中的"一山三湖"

从打造长三角旅游高地、推动句容全域旅游出发，立足区域，关注与南京等长三角区域城市的交通联系，挖掘秦淮文化、茅山红色文化和传统文化、美丽乡村等资源，高起点、高标准开展"一山三湖"（茅山、茅山湖、潘冲湖、二圣湖）整体规划编制，以茅山深厚的人文和自然资源为基础，全力打造山水道相映、农文旅融合的大茅山景区，以建设城际高铁为契机，打造轨道上的生态、乡村和旅游，真正把绿水青山变成金山银山。

4. 农文游相融合的美丽乡村精品示范村

扎实开展特色田园乡村、美丽乡村等创建工作，以农业科普体验、观光度假、休闲养生为核心功能，以特色商业、文化创意、田园居住为配套，拓展农村新产业、新业态，促进农业与旅游业的发展。茅山管委会陈庄村、天王镇唐陵东三棚村已申报江苏省特色田园乡村建设试点村；后白镇古村村、茅山镇丁庄村、天王镇西庄村已申报创建镇江市级特色田园乡村，为全市集中打造美丽乡村精品示范村奠定了基础。自实施乡村建设行动以来，句容市还塑造了一批像何庄、陈庄、范巷等这样的乡村典型，探索创建了自然农法、森林抚育、特色农村、乡村民宿等新型产业形式。

（四）强化发展建设过程中的污染治理与监控

1. 坚持人居环境的持续改善

持续开展污染防治攻坚，坚决打好蓝天、碧水、净土三大保卫战，空气质量不断改善，矿山宕口整治力度空前。2020年，市生态环境局以控雾霾、治臭氧为抓手，深入开展 VOCs 行业整治，完成了57项大气污染治理工程；组织落实扬尘管控、非道路移动机械管理、餐饮油烟整治、秸秆禁烧等大气污染专项治理；通过全市11个大气环境监测站的提前预警及时应对，最大限度实现"削峰降值减污"。首创"排口长制"统筹水资源生态水环境综合治理，加大长江引水工程推进力度，实施工业污水处理厂、建筑垃圾资源化处理厂终端处置项目建设。针对黑臭水体严重污染人居环境问题，编制完成了《句容黑臭河治理方案》，推行上下游联动、跨部门协作机制，分阶段推进黑臭水体整治工作，确保地表水持续向好，13个断面优Ⅲ比例在2022年达到100%。全面完成长江经济带废弃裸露矿山生态修复任务，建成区绿色覆盖率达到35.43%。

2. 加强农业面源污染治理

自2017年开展"263"专项整治行动以来，句容市各主管部门深入贯彻落实，加强农业面源污染治理，加大畜禽养殖场关闭、污染治理工作力度，加快农药投入品减量化进度。关停禁养区养殖场37家，整治并验收限养区畜禽养殖场58家。农业废弃物综合利用率达97%以上，秸秆综合利用率达96%以上。

3. 加强环境执法力度

近年来，句容市不断加强环境执法力度，为建设"美丽句容"保驾护航。注重源头减排，严守"生态环境只能更好，不能变坏"底线。抓好源头治理，例如，针对江苏中容电气有限公司污染较为严重的情况，句容生态环境综合行政执法局帮助企业制订可行性方案，源头治理，科学施策，精准治污，使得中容电器有限公司废气治理取得了重大突破。实行城管、环卫、交警部门联动和精细化管理，突出抓好环境卫生综合整治和镇容村貌管理，进一步提升环境卫生、绿色环保等工作标准，推动城镇精细化、规范化建设与管理。建立闭环体系，对责任范围内的环境整治痛点、堵点、难点问题，列出工作清单，逐条验收销号。不断加强和企业间的有益交流，集思广益，多环节全方位谋划，合力把企业废气排放控制到最低，持续改善空气质量。坚持以制度为手段，健全制度，出台《句容市环保局行政执法回访制度》，完善数字化指挥中心建设，健全督查协调统一机制。2020年镇江市句容生态环境综合行政执法局成立，标志着句容市的生态环境保护执法工作迈入了全新阶段。

三、句容市新型城镇化与生态文明建设融合发展中的问题与对策思考

句容市在推进城镇化过程中不可避免地产生了许多环境生态问题，生态文明建设任重道远。

（一）句容市新型城镇化与生态文明建设融合发展中的问题思考

1. 规划易、落实难现象依然存在

当前很多城市发展中存在的突出问题有：一是规划跟着项目走，换一届政府换一张规划图；二是由"规划不足"走向"规划过度"，没有走出"产业同质竞争、项目重复建设、空间批量生产"的城市粗放发展模式。政府部门对生态文明建设"该做什么、怎么做"的思考和研究，虽有纲领性的指导文件，但落地较难；有既定的工作目标，但工作手段还较为单一、保障措施制定滞后。有的规划经济效益不明显而不被重视；有的规划已经制定，但在建设过程中存在重规划、轻实施的问题；有些生态文明建设专项规划未能真正按照时限、项目去落实。这些现象在句容市推进生态型社会发展过程中或多或少都存在，制约了句容市新型城镇化与生态文明融合发展的进程。

2. 产生严重污染的高耗能产业转型缓慢

句容市的社会经济发展水平总体不高，经济发展方式转变缓慢，自主创新能力不强，长期形成的结构性矛盾和粗放型增长方式

尚未根本改变。大量的技术水平低、规模小、资源消耗大、环境污染重的中小型工矿企业长期存在。句容市污染较高的化工企业较多，机电行业是其中之一。这些企业普遍缺乏完善的管理、工业技术水平普遍不高、工艺设施落后，工业"三废"大量排放，造成城乡生态环境污染严重。一些不法企业的工业废水几乎不经任何处理就偷排向江河湖库，对农业灌溉水源和渔业养殖水面造成污染，进而通过灌溉污染土壤、农作物，从而构成了农村农业环境的主要污染源。

3. 乡村人口集聚过程中生态规划滞后

句容市在推进城镇化过程中重经济生产、轻生态文明规划和建设，这便制约了社会发展的可持续性和生态型社会建设。城镇化建设过程中大量土地资源被占用，没有总体的科学规划或有规划没落实，这些都导致农村生态系统被破坏的情况时有发生。比如在拆迁并村集中居住建设中，生态规划常常不能同步进行。拆迁并村建设一定程度上节约了土地和公共资源，推动了城镇化的发展，改善和提高了人民的生活水平，但是也一定程度上改变了乡村原有的生态环境，打破了"看得见乡愁"的人与自然的和谐共生生态，造成了人与自然的疏离，"回不去的故乡"成了执念。没有同步进行生态规划集中建设的安置小区，脏乱差成了常态，人文传统与乡情也在高楼与隔绝中逐渐淡漠遗失。

4. 生态环境保护中立法滞后与执法不严并存

句容市的生态体制机制建设存在着短板。近年来，句容市的环境污染事件屡有发生，难以杜绝，一方面是企业自身偷排偷放，超标排放；另一方面与执法部门的执法体制机制有关。政府在生态环境保护的体制机制建设方面还存在立法滞后与执法不严的问题，或针对违规排污的处罚标准太低，或直接以罚代管，对企业震慑力不大，这直接导致了各类恶性排污事件的发生。同时，环境保护部门尚未成为地区发展和决策的重要管理部门，在政府编制体制中仍处于弱势地位，环保执法人员在执法过程中受到过多干预，甚至造成权力行使的异化和腐化，导致很多企业跟风效仿违规，环境更加恶化。

（二）句容市新型城镇化与生态文明建设融合发展中的对策探讨

1. 要规划引领，强化落实，全域整体统筹，系统推进

推进生态型新型城镇化要加强城市规划的前瞻性、科学性。不走"先发展后治理"或"边发展边治理"的老路，要规划先行，大力推进生态文明建设规划落地生根。句容市坚持"环境生态、社会生态、产业生态"的复合生态系统发展理念，以建设"美丽句容"为抓手，以"一福地四名城"为蓝图，高起点编制了生态型社会发展规划。句容市在推进规划落地的过程中，要以布局组团化、产业高端化、建设集约化、功能复合化、空间人性化、环境田园化、风貌多样化、交通网络化、配套标准化为实施原则，实行全域整体统筹推进；有针对性地制定和推进实用与生态相融合的具体可行的实施方案；各部门协同，系统推进；健全规划管理体制机制，强化规划约束力监督，强化实施监督，克服规划易、落地难的问题，进而推进生态型社会全方位可持续发展，推进生态型社会建设落实到具体的建设过程中。

2. 要加快传统型经济建设向生态型社会建设转型

推进新型城镇化与生态文明融合发展是当代社会城镇化发展趋势。要加快传统工业的改组改造，推动产业转型升级，逐步淘汰和改造资源利用率低下、环境污染和生态破坏严重等不符合城镇功能定位的工业，积极发展那些污染少、能耗少的环境友好型产业。要加快推进企业生产发展方式的转变，提高服务业在制造业中的比重，对科技比重高、能够转变发展方式的企业提供技术和资金上的支持，建立新建项目与污染减排、落后产能淘汰相衔接的审批机制。要大力引进和发展科技创新、智慧农业、文化创业、农文旅融

合等产业业态，使之逐渐取代和淘汰高耗能产业，发展成为句容市经济发展的支柱产业。要着力孵化发展生态型新兴园区、新兴产业、新型社区和新型城镇，积极培育节能环保、新能源等战略性新兴产业。要加快绿色产业体系建设，大力促进循环经济的发展，鼓励清洁能源和可再生能源的利用，加快资源再生利用产业化，推进生产、流通、消费各环节的循环经济发展，促进循环经济发展成一个产业链，提高农民收入，减缓对农村生态的破坏和对农村环境的污染。

3. 要不断完善生态体制机制建设

生态文明制度建设为生态文明建设提供了行动的标准，保证生态文明建设有据可依。科学、合理、正确的生态文明制度的贯彻落实和遵守执行是生态文明建设的根本保证。句容市在推行新型城镇化与生态文明融合发展过程中，要不断加强生态文明体制机制建设，制定出符合生态文明要求的目标体系、考核办法、奖惩机制等，促使生态文明建设更好更快地发展。

在防治管理上，要把企业达标排放作为执法的重中之重，要不断提高对重点污染源和生态环境的实时监控水平；在防治模式上，由主要污染物排放治理向综合防治、联防联控转变，由单一染污源控制向工业源、移动源、面源等多污染源综合控制转变，推进空气流通传输区域之间的联防联控；在管理手段上，要不断创新，加大治理力度，对重污染、新增污染的行业和企业实行最严格的限排治理措施，对环境违法行为不能一罚了之，要严厉、持续、有效地打击，要加强环保执法队伍自身建设，大力支持环保能力标准化建设，提高环境管理的科技水平，提升环境质量监管的实效性和针对性。

4. 要加强生态文化建设

长期以来，国家在社会发展建设中过分注重和追求经济规模增长，忽视了对社会群体生态意识的宣传和教育，公民整体的生态意识理念还比较薄弱。要以生态文化视野进行生态文化创意和生态文化建设，强化公众的生态意识，培养公众良好的生态行为和习惯，努力提升全民生态文明素质，使生态文明理念深入人心，深化生态创建活动。要广泛开展创建生态村、优美乡镇、绿色社区、清洁生产文明单位等活动，把生态文明理念渗透到社会生产生活的各个方面，营造良好的社会生态环境。

企业是生态文明建设的重要部分。现阶段，由于实施绿色生产具有局部低效率、整体高效益的特性，因此部分企业为了追逐短期的经济利益，没有真正转变观念。政府要加强引导企业开展生态宣传教育，引导企业和员工对绿色企业文化达成共识。对企业实施绿色管理，建立健全可持续的治理和激励机制，包括鼓励性和限制性措施，促使绿色生产活动与环境相容。

生态文明以人与自然和谐共生为理念。城镇化以实现社会经济集约化、高效化发展为目标。融入生态理念的新型城镇化需要克制对自然的过度索取，让渡眼前一定的经济利益。句容市在推进新型城镇化过程中，要兼顾城镇化建设与生态文明建设的当前利益与长远利益，把生态文明建设融入城镇化发展的各个环节，做到生态规划先行，生态文明建设融入城镇化全过程，生态建设与城镇化建设相互促进，相辅相成，从而实现城乡一体化高质量发展，实现"城市让生活更美好、乡村让环境更宜居"。

加快茅山革命老区句容新型城镇化与城乡发展一体化建设研究

《江苏省新型城镇化与城乡发展一体化（2014—2020年）》指出：江苏总体上处于全面建成小康社会并向率先实现现代化迈进的关键时期。推进新型城镇化和城乡发展一体化对江苏加快转型发展、实现"两个率先"目标具有重大现实意义和深远历史意义。地处苏南发达地区但发展相对滞后的茅山革命老区——江苏省句容市，将全面促进新型城镇化与城乡发展一体化列为"十二五"时期五大发展战略之一，旨在进一步掀起建设"美丽句容"的热潮。全面推进新型城镇化与城乡发展一体化，成为句容今后一段时期加快转变经济发展方式、实现科学发展的重要着力点。

实现新型城镇化与城乡发展一体化，从本质上说，是要从根本上消除城乡制度差异，促进城乡要素资源的自由转移、共同利用和共同发展；在解决农村富余劳动力向城镇转移的过程中，要让进城入镇的农民享受城镇居民同等权益和公共服务；让留在农村的农民，也享受到城乡一体化的发展成果，使农村生产方式和生活方式都得到改变。近年来，句容市在全面推进新型城镇化城乡一体化发展方面做了不少工作，取得了明显成效，但也存在一些不容忽视的问题。比较突出地表现在3个方面：

一是生产要素呈现由农村向城镇的单向流动。农村土地、劳动力、资金三大要素都有向城镇集中的趋势，致使农村人口老龄化水平高于城镇，文化水平低于城镇，无法加快现代农业和高效农业的发展，城乡差距拉大的状况没有根本改观。二是与城市相比，农村基本公共服务严重滞后。农村道路、医疗、文化等公共设施建设以农民自己的财力为主，政府只给少量补助，加之农民居住相对分散，公共消费的过程性浪费严重，导致农民的生存和发展成本明显偏高。三是城镇化的产业支撑不足，使进城入镇的农民找不到稳定的职业，出现"两栖化"倾向，进城农民没有真正"离农"。有的农民利用城镇空间种瓜种菜，饲养猪兔鸡鸭，把城市变成了农村；有的借助于当地优厚的征地拆迁补偿政策，变成了靠房租为生的"食利者"，这些都不利于人的长远全面发展。

针对以上问题，句容在全面促进新型城镇化与城乡一体化发展方面，应当充分利用国家对革命老区发展的扶持政策，从以下几方面做出努力。

（一）完善农业经营体系，做好"经营农村"文章

1. 深入推进"美丽乡村"建设

开展"美丽乡村"建设是加强生态文明建设的需要，是强化农业基础、推进农业现代化的需要，是推动新型城镇化与城乡发展一体化的需要。新型城镇化与城乡一体化不是仅让农民进城，而是要让城市的现代文明涌到农村去，让农村充满城市的生机和活力，同时保留村庄原始风貌，让农村更像农村，让农民过上和城市人一样的生活。句容市白兔镇唐庄村是省级"美丽乡村"建设示范点。该村在城乡一体化发展中，注意保留村庄原始风貌，尽可能在原有村庄形态上改善居民生活条件，减少对自然的干扰和损害，保护了村镇千百年来传承的"田园牧歌"式的"乡愁"。实现农业现代化的农民，恰恰没有变市民的强烈意愿。在苏南的一些县级市，如昆山、江阴等市，由于乡镇企业发达，绝大部分农民已就地转移到工商业从业。当地居民仍居住在原址，别墅式建筑错落有致。这里的居民不再向往大城市，甚至考上大学也不愿迁转户口。句容城乡之间最大的差距是基本公共服务。应加强农村基础设施建设，让农民走上平坦路、吃上清洁水、用上便宜电、住上安全房；加强农村社会事业发展，推进农村义务教育学校标准化建设，完善以县医院为龙头、乡镇卫生院和村卫生室为基础的农村三级医疗卫生服务网络，让农民像城里人一样享用方便、现代、舒适的公共服务设施。

2. 推广以家庭农场为主的土地适度集中经营

农业是与自然和生命打交道的特殊产业，不可能完全像工业流水线那样实现标准化，而需要"无限连带责任"的精心呵护，因而更适合家庭经营。家庭农场以家庭成员为主要劳动力，农场经营者既是管理者，也是劳动者，这就限定了家庭农场的经营规模。从江苏全省范围来看，专业农户从事粮食生产的适度规模区间下限是46亩，上限是246亩。句容农民人均耕地仅有0.93亩，每户3到5亩承包地。中央《关于引导农村土地经营权有序流转发展农业适度规模经营的意见》指出，土地经营规模的务农收入相当于当地二三产业务工收入的，土地经营规模相当于当地户均承包土地面积10~15倍的，应当给予重点扶持。截至2015年年底，句容市已拥有符合省定统计口径的各类家庭农场988家，并呈现出产业结构全、设施工具好、科技素养高、经营效益好等特点，成为农村经济重要的增长点。但流转的土地只有使用权，承包农户由于各种原因随时可以收回或威胁收回承包地，不利于家庭农场的发展。要改变这一状况，建议对现行土地制度进行改革，让农户土地承包经营权量化入股，由村委统一流转给经营户经营，按股份分配经营所得。对不愿流转入股的村民可以调节地块，这样能有效避免单户意见不统一而导致流转失败。考虑老年农民有较重的恋农情感，对老年农民实施鼓励土地流转的政策，只要老年农民将承包土地交给集体经济组织统一流转，便可增加到龄退养补助。建议将对农业合作社实行的税收减免政策延伸到家庭农场。支持家庭农场联合起来组建家庭农场合作社。

3. 培育职业农民

什么是职业农民？"时代楷模"赵亚夫认为，职业农民要符合两个条件：一是能生产出受消费者欢迎的农产品；二是能把农产品卖掉并卖出物有所值的好价钱。

当前，句容农村男性青壮年劳动力基本外出打工，以老年人及妇女为主的普通农户占农村务农劳动力的大多数，这个情况在相当长时期内还难以根本改变。因此，应在以老年人及妇女为主的普通农户中培育职业农民。赵亚夫认为，即使是以老人及妇女为主的普通农户，只要有人帮有人带，也能挑起农业现代化重担，成为职业农民。在赵亚夫的指导下，句容市戴庄村坚持家庭经营的基础地位、主体地位，以行政村为基础，以党支部+合作社+农户方式成立合作社，实行"生产在户、服务在社"，耕地仍由一家一户承包经营，合作社为农户提供产前、产中、产后等多个环节的服务。通过村社合作、统分结合，把农民组织起来，因地制宜发展现代农业、生态农业，同步实现农民增收致富和农村集体经济发展壮大的农村经济发展模式，实现了小农户和大市场的有效对接，解决了农业科技推广"最后一公里"的问题。在 2013 年全国人民代表大会上，句容发展现代农业的"戴庄模式"得到了习近平总书记的肯定。时任江苏省委书记罗志军专程赴句容市戴庄村调研，要求推广戴庄经验。

4. 完善粮食补贴政策

我国的农业补贴政策从 2004 年在全国范围内推广至今，对调动农民种粮积极性发挥了重要作用。但是，种粮补贴政策在执行过程中也出现了一些问题，补贴目标不够精准就是其中之一。首先，不能体现粮食产量多少、质量高低与补贴之间的关系。这就导致种好种差一个样，不种粮食、改成养鱼或种蔬菜，甚至把地撂荒，农民补贴照拿。现有直接发放到户的补贴由农户统一安排，可能用于生产，也可能用于家庭消费，种粮补贴逐渐演变为对农民的"收入型福利"，对提升农业综合生产能力意义不大。其次，真正种粮的人得不到更多补贴，农民种粮积极性下降。目前，种粮补贴主要是补在土地拥有人的头上，由于现行农村土地的承包权和经营权存在分离现象，因此参与土地流转的农户特别是种粮大户，绝大部分享受不到补贴。在种粮成本不断走高、种粮比较效益持续下降的背景下，这既有可能导致耕地非粮化的倾向愈发严重，也不利于种粮大户等新型农业经营主体的培育和发展。矫正直补政策弊端的良药，就是将补贴投放到流通环节中，即将目前政府为维护粮食生产安全而实行的按承包地发放的补贴，改为按农民所交粮食进行补贴。2016 年的中央一号文件提出"在有条件的地方开展按实际粮食播种面积或产量对生产者补贴试点"。这是随着形势的变化，对农业补贴政策做出的进一步调整。江苏省苏州市和江阴市（县级市）除了执行国家粮食直补政策以外，还对交售粮食的种粮大户实行价外补贴，实际上就是在流通环节进行补助。

（二）破除城乡二元结构，推进城乡经济社会协调发展

1. 有序推进农业转移人口市民化

十八届三中全会提出，逐步把符合条件的农业转移人口转为城镇居民。2014 年政府工作报告提出了抓紧实现一亿农民工市民化的目标。农民不可能全部市民化。应重点放在市民化能力强、市民化愿望迫切的群体。句容市有相当数量的农民在大中城市打工，他们在打工城市落户的一个基本条件就是在城里有住房。单靠打工收入买房，那将遥遥无期。如果能把在句容农村的房子卖掉，就能获得一笔可观的收入，那他们在城里买房就有了可能。对于不具备到大中城市落户能力的群体，要积极创造条件"就地市民化"。句容市南部乡镇通过土地置换和土地整理的综合方式，引导农民向集镇拆迁安置小区集中居住。在规划建设拆迁安置小区时，句容统筹考虑人口分布与基础设施布局，完善学校、医院、养老机构等软硬件设施，提升社区、物业等管理服务水平，让就地市民化群体更多更公平地享受到新型城镇化的成果。建议给安置房发放土地证和房产证，让安置房像商品房一样能买卖，提高就地市民化群体的财产性收益。农民进城入镇后，用农民的话说就是"除了空气免费，其余都得花钱"。如果就业问题得不到解决，再加上理财观念相对较差，这部分进城农民将很可能"坐吃山空"，变成贫民。句容市应主动对接周边大中城市，承接大中城市中适合新市民技能状况的劳动密集型产业，为农民就业提供载体。

2. 大力推进城乡基本公共服务均等化

农村公共服务发展滞后是城乡社会二元发展的直接后果。城乡一元户籍管理制度打破了劳动力市场的城乡分割状况，实行了城乡平等的就业准入机制。就业管理服务部门，应当为农村劳动者和城市劳动者、外来务工者和本地务工者提供平等的就业机会。实行由政府买单的多渠道、多层次、多形式的职业技能教育和培训，提高就业者素质和技能，保证农民进入车间就成为熟练工人。实行农民工与城镇就业人员同工同酬制，强制用工单位签订用工合同，同等购买医疗、工伤和养老保险及住房公积金等社会保障项目。建立健全覆盖进城入镇落户农民的城镇住房保障体系，比照城镇居民标准，为其提供廉租房、经济适用房和限价商品房等。在句容城市社区居住的大部分新居民之前就是农民，有的居民现在依然是农村户口。句容已形成城乡一体的居民养老保险制度，很多农民已经参加城镇职工保险。新参保的农民和被征地的农民全部纳入城镇职工养老保险。城镇职工养老保险与城乡居民养老保险，只要满足一定条件即可自由衔接转换，逐步取代了土地和家庭的养老功能。句容将城乡居民医疗保险并轨，建立了城乡一体化的医疗卫生服务体系，实现了全市城乡居民基本医疗保险政策统一、待遇统一。全市的村卫生室基本医疗设施配备到位，基本形成覆盖城乡的"15分钟健康服务圈"。今后应定期选派城市医院的医生到农村服务，提高农村医疗服务水平。

3. 以新市镇建设为抓手推进城乡发展一体化

新市镇建设不是传统意义上的"拆旧房换新房",不是简单兴建农民集中居住点;是把建制镇当作小城市来建设,是以镇的属级建设小型城市,实现农民就地城市化。镇江市提出人口不低于5万,规划面积不低于5平方千米,集聚镇域人口50%以上的原则,按现代小城市的标准来规划、建设和管理镇。新市镇建设要强化城镇化的产业支撑,打造农业特色镇、现代工业重镇、商业大镇、旅游名镇。目前,句容的新市镇发展不均衡,华阳镇和开发区有可能发展为人口超10万的"超级镇",它们的城市功能比较完善,产业聚集度较高,有较为完善的基础设施。可借鉴发达地区"镇"改"市"的经验,对吸纳人口多、经济实力强的新市镇赋予同人口和经济规模相适应的管理权。地权方面,给予试点镇倾斜机制保障,市里支持试点镇用地,安排一定数量的用地计划指标,单独切块,直接下达到试点镇;财权方面,试点镇全面建立一级财政体制,财政超收100%返还,土地出让金净收益、城镇建设配套费100%返还;事权方面,在提高领导职级高配、增强统筹协调能力的同时,下放行政审批、执法等多项权力。从长远看,相当一部分在大城市生活的人在退休后会选择回到老家,回到现在的镇里,应通过"镇"改"市"创造一个更好的安居环境和社会保障体系,既有完善的基础设施,又能望得见山、看得见水、记得住乡愁,这应是未来小城市的发展方向。

4. 缓解农民贷款难

随着农村规模化经营的推进,农民迫切需要资金发展生产。但农民拿不出来商业贷款必需的有效抵押物。银行推行的农户联保贷款,额度最高10万元,由于多方面原因,很多农民不愿联保,导致贷款难、贷款慢。国家正在试点推广的土地承包经营权抵押贷款,由于多数新型农业经营主体管理欠规范,经营管理多由家庭户主或合作社负责人一人决策,且大都存在工商登记、税务登记等手续不全等问题，因此银行同样不敢轻易放贷。与此同时，"支农支小"信贷还存在抵押物评估与登记手续繁琐、费用过高等多重困境。一般而言，办理抵押物评估、登记手续快则 10 天慢则一个月，房地产评估、抵押登记、办证等费用也超过贷款总额的 1%。句容市积极探索金融机构对农民合作社授信，合作社向农民发放贷款办法，引导合作社开展内部信用合作。坚持社员制、封闭性原则，在不对外吸储放贷、不支付固定回报的前提下，推动社区性农村资金互助组织发展。镇江农行针对句容市戴庄创新推出的"合作社+农户"贷款模式具有推广意义。通过合作社进行集体推荐，调查审核，授信额度从 200 万提高到 1000 万。句容农商行在天王镇成功运用了阳光信贷模式。他们以行政村为单位，成立村干部、党员群众、农商行工作人员共同组成的评议组，对需要贷款的农民进行综合评议，据此给予贷款额度授信并张榜公示，以公开透明的阳光操作给农民放贷。江苏泗洪县探索农村房屋抵押贷款，乡（镇）建设办公室负责发放农村房屋产权证；县新农村建设办公室负责农民房屋抵押前登记；县农村商业银行评估房屋价值并发放贷款，此种做法值得借鉴。

（三）按照新型城镇化与城乡一体化要求，统筹城乡治理结构

1. 发挥"逆城市化"对乡村建设的积极作用

随着我国高速公路、高铁和村村通公路的发展，农村聚落的基础设施不断完善，我国农村宜居情况不断好转，而城市的拥挤和环境问题则使一些居民向往农村居住环境，"精英返乡"具备了一定的条件。在这样的背景下，城乡一体化不单单是农村人口向城镇的转移，而应该是全面整合城乡聚落体系。从户口方面看，"农"转"非"很简单，而"非"再转"农"却几无可能，进来容易退出难。健康的城乡一体化，应当建立在城乡居民双向自由流动的基础上。从本质而言，是选择在城市还是在乡村生活，这是个体的自由和权利，"逆城市化"本身也不足为怪。

从乡村走出去的精英奉献了自己的一生之后，在城市无所事事是一种巨大的浪费。他们中的很多人愿意为故乡发展出力，他们返乡是城市对乡村的一种反哺，是习近平总书记"实现中国梦必须走中国道路，必须弘扬中国精神，必须凝聚中国力量"重要指示在乡村社会的实践。摆在他们面前的问题是，如今的故乡是否还回得去。于基层政府而言，与其为获得扶持向上级部门哭穷，不如通过政策引导为"精英返乡"创造更好的条件，让那些有志于为故乡效力的人真正能够成为"造血因子"。建议修改我国《土地管理法》的有关规定，恢复农村集体宅基地的处置权和收益权，为我国城市居民向农村流转打通道路。在农民大量进城市的背景下，通过农村集体宅基地的流转，也能增加进城农民的收入。

2. 鼓励和引导工商资本到农村发展企业化经营

农业企业是新型农业经营主体之一。工商资本进入农业，有的以龙头企业形式从事产加销一体化，有的从事休闲观光农业，有的从事种子种苗、农资供应、农机作业、电子商务等农业服务业。工商资本向农业输入现代生产要素和经营模式，做家庭农场和农民合作社做不了的事。工商资本到农村去租赁土地，原有法律就是允许的，同时也有"三不"的限制，即不能改变所有权，不能改变农地用途，不能损害农民权益。为科学引导工商资本进入农业，农业农村部将农业领域划分为"红、黄、蓝、绿"四大区域，采取差别化政策措施，对工商资本参与现代农业建设进一步加强规范引导。"绿区"是国家鼓励扶持工商资本进入的领域，承担部分公益性职能；"蓝区"是国家引导工商资本进入的领域，市场化程度较高；"黄区"是国家强化对工商资本监管的领域，属土地密集型产业；"红区"是国家限制工商资本进入的领域，具有高污染、高消耗的特点。鼓励工商企业进入农村，投资农业，应着眼于服务、带动农民共同发展，而不能取代农户的生产功能、兼并土地或套取政府惠农政策。要防止一些工商资本利用其资本优势在农村长时间、大面积租占农民承包地，把缺乏非农就业能力和机会的农民挤出农地。工商资本在句容市进入农业引起的"非农化""非粮化"现象应引起关注。

3. 发挥村党组织的领导核心作用

胡锦涛同志到句容农村考察时曾指出：村民富不富，关键看支部；村子强不强，要看"领头羊"。农村工作离不开村党组织的坚强领导。句容市天王镇戴庄村为帮助农民增收致富，注重发挥基层党组织和村委会作用，将党支部、村委会骨干、农业科技人员和农民"绑"在一起，建立农民合作经济组织和农产品专业协会。农技人员长期驻村、驻社提供技术支持，合作社将分散生产和统一加工销售有机结合，走区域规模化之路，创造出了被日本专家称之为符合中国农村实际情况、值得推广的合作模式。唐陵村为克服单个专业合作社经营规模和服务半径较小的弊端，将花木专业合作社和花木交易市场进行整合，成立花木行业商会，会员之间在资金、花木品种、数量和各个生产环节上相互协调，统一品牌，统一销售，抱团发展闯市场，提高了花木产品的市场竞争力。在此基础上，村里还吸引了全国知名农业上市公司——广东棕榈园艺股份有限公司前来投资，给农户提供最前沿的市场信息和良好的技术指导，使村民每年整体增收 400 万元，村集体经济每年也增收 100 万元。后白镇西冯村创立了"党支部+基地+合作社"的发展模式，帮助农民摆脱只在生产环节上打转转的怪圈，将农业的产业链延伸到观光休闲和消费者的"餐桌"上，增加了农产品附加值。入社农户人均年收入超过万元，高于一般农户 20%。

4. 全力推进宁句同城化

《苏南现代化建设示范区规划》中明确提出"宁镇扬一体化"战略。句容市处于宁镇扬核心地域，宁句同城化应成为"宁镇扬一体化"战略的先行区。句容市高度重视宁句同城化，将其作为"十二五"期间句容发展的首要战略。句容在城市功能上完全能与南京实现互补。句容山水秀美，生态良好，极具生态宜居价值，能有效分散南京主城的人口压力。句容的中高端楼盘价格优势对南京市民具有强烈的吸引力，买主多是南京客户，句容已成为南京市民名副其实的新家园。在产业合作方面，句容抓住南京产业"退二进三"的机遇，形成了以承接南京产业外溢为重点的龙潭—下蜀板块、仙林—宝华板块、汤山—黄梅板块、湖熟—郭庄板块。这样的分工既有利于在区域内部形成相对完整的产业链体系，在更大范围内实现产业集群的优势，也可以加快句容新型工业化进程，壮大经济规模和综合实力。在科技创新上，南京科教资源极为丰富，两地可通过共建科技园区和各类研发机构，共同打造科技创新成果产业化基地。宝华镇凭借与南京仙林大学城一河之隔的优势主动承接南京科技转移，2012年9月，"江苏青年人才创新创业基地"在宝华成功挂牌，已有两名国家"千人计划"专家落户。句容经济开发区1.9平方千米的科技新城正拔地而起。下一步，句容应有序推进公共服务宁句同城化。鼓励南京优秀中小学与句容联合办学；鼓励南京重点医疗单位与句容联合办医，建立医疗保险相互定点，使两地参保人员实行实时结算；发挥南京古都资源和核心城市的带动作用，结合句容山水资源、休闲度假优势，联合开发旅游线路；发挥句容现代高效农业优势，推进农产品无障碍流通，开通句容农产品进入南京市场的"绿色通道"。

句容新型城镇化和城乡发展一体化建设

习近平总书记在视察江苏时，要求江苏坚定率先发展目标，推进"四个全面"战略部署，迈上新台阶，建设新江苏。近年来，句容充分利用国家和省委、省政府对革命老区发展的扶持政策，以新型城镇化和城乡发展一体化为统领，掀起了建设"苏南福地、美丽句容"的热潮。

一、乘势推进宁句同城化

句容处于"宁镇扬同城化"的核心地域，江苏省《宁镇扬同城化发展规划》明确将宁句同城化作为"宁镇扬同城化"先行区。句容发挥山水秀美、极具生态宜居价值的优势，大力发展大都市城郊型房地产业；发挥现代高效农业的优势，开通了句容农产品进入南京的"绿色通道"；抓住南京产业"退二进三"的机遇，承接南京产业的外溢；利用南京丰富的科教资源，通过共建科技园区和各类研发机构，共同打造科技创新成果产业化基地；加快与南京在教育、医疗等公共服务领域的合作共建。句容的城镇发展不均衡，主城区成为人口超20万的"超级镇"。句容城市功能比较完善，有较为完善的基础设施，产业聚集度较高，借鉴发达地区经验，按现代小城市的标准来规划、建设和管理。所有这些，使得句容新型城镇化和城乡一体化进程快速跃进。

二、深入推进"美丽乡村"建设

新型城镇化和城乡一体化不是仅让农民进城，而是要让城市的现代文明涌到农村去，让农村充满着城市的生机和活力，让农民过上和城市人一样的生活，同时把村庄原始风貌保留在农村，留得住乡愁。句容市白兔镇唐庄村是省级"美丽乡村"建设示范点。在新型城镇化和城乡一体化发展中，句容注意保留村庄原始风貌，尽可能在原有村庄形态上改善居民生活条件，减少对自然的干扰和损害，保护了村镇千百年来传承的"田园牧歌"式的"乡愁"。通过这几年新一轮村居环境整治，这样的"美丽乡村"在句容随处可见。

三、大力培育职业农民

什么是职业农民？"时代楷模"赵亚夫认为，职业农民要符合两个条件：一是能生产出受消费者欢迎的农产品；二是把农产品卖出物有所值的好价钱。一直以来，句容农村青壮年劳动力基本外出打工，以中老年人及妇女为主的普通农民占农村务农劳动力的大多数。即便如此，在赵亚夫看来，只要有人帮、有人带，也能挑起农业现代化重担，成为职业农民。在赵亚夫的悉心指导下，句容在典型的丘陵山区天王镇戴庄村成功发展了现代有机农业，形成的"戴庄模式"得到习近平总书记和时任国务院总理李克强的肯定，省委主要领导要求总结和推广"戴庄经验"。

四、有序推进农业转移人口市民化

句容市有相当数量的农民在大中城市打工。对于不具备到大中城市落户能力的群体，句容积极创造条件使其"就地市民化"。句容南部乡镇腹地纵深，人口密度较小，通过土地流转和村庄整理的综合方式，引导农民向集镇拆迁安置小区集中居住。句容主动承接城市中适合新市民技能状况的劳动密集型产业，为"就地市民化"的农民灵活就业提供条件。

五、发挥村党组织的领导核心作用

农村工作离不开村党组织的坚强领导。句容市天王镇戴庄村为帮助农民增收致富，注重发挥基层党组织和村委会作用，创造出了被专家称之为符合中国农村实际情况、值得推广的综合性农民合作模式。天王唐陵村为克服单个专业合作社经营规模和服务半径较小的弊端，将花木专业合作社和花木交易市场进行整合，成立花木行业商会，抱团发展闯市场，规划建设 3000 亩"木易园"，提高了花木产品的市场竞争力。后白镇西冯村创立了"党支部+基地+合作社"的发展模式，帮助农民摆脱了只在生产环节上打转转的怪圈，增加了农产品附加值。

句容"农创园"转型升级的探讨

党的十八届五中全会通过的《中共中央关于制定国民经济和社会发展第十三个五年规划的建议》，对做好新时期农业农村工作做出了重要部署。依据中央的要求，农村地区和农业方面的发展需要牢固树立和深入贯彻落实创新、协调、绿色、开放、共享的新发展理念，大力推进农业载体和农业企业本身的转型升级，确保"四个全面"战略在农村地区和农业发展方面得到真正的实现。

近年来，句容不断提升农村和农业的发展品质，在围绕"现代农业、生态农业、效益农业、品牌农业"的发展和推进现代农业产业化经营等方面，千方百计把创新载体建设作为一个重点工作来抓，"推进农创园转型升级，助推镇江句容农业现代化"已成为该项工作的一项重要课题。

一、句容"农创园"及农业企业发展的现状

句容是全国首个农业综合标准化示范市（县）。近年来，句容市大力倡导绿色创业、农民创业，以有机农业技术为依托，扶持发展现代高效农业，基本形成应时鲜果、花卉园艺、特色养殖、优质茶叶、特色蔬菜五大类主导产业，并培植出了一系列省内外知名品牌：云兔草莓、继生葡萄、恒生大米、茅山老鹅等，农产品品牌林立，农民创业成果喜人。

1. 政策先导，引发创业热情

在镇江市委、市政府的指导下，句容市于2011年出台了《句

容市创建农民创业示范市工作实施意见》，实施农民创业就业"百千万"计划，即用 3 年时间建立百个农民创业园、扶持千人创业、带动万人就业的"百千万"创业就业计划。在加快城镇化建设的同时，提升农民就业质量，实行均等就业公共服务。出台《句容市创业扶持基金管理办法》，落实 2000 元初始创业补贴、5~20 万元担保贷款、3000 元创业奖励、5000 元场租补贴等扶持政策，点燃农民创业热情；创新出台了《句容市农民创业补贴》政策，对农民成功创业并带动周边群众就业的给予社会保险补贴；多项利好政策极大地激发了农民创业的积极性，促进农民创业成效显著。

2. 投入增大，构筑创业载体

积极引导扶持农民利用当地高效农业、生态旅游优势自主创业，培育发展高效种植养殖、休闲观光、市场营销、科技研发等多种类型的产业园、创业园。在资金、技术、培训上大力扶持，对筹建产业园、创业园的给予 5~100 万元的建设补贴；邀请赵亚夫等"三农"专家开展技术指导；联系江苏农林职业技术学院、镇江农业科学研究所结合"一镇一品"的特点，开展果树种植、家禽养殖、绿化园艺等实用技术培训，培养懂技术、会经营的新型创业农民。截至目前，全市建成农民创业园 130 家、省级农民创业示范基地 1 家、省级现代农业园区 2 个，孵化农民创业 1322 人，带动农民就业 1.53 万人，促进农民创业增收过亿元。

3. 服务优化，精准创业帮扶

句容市把创业园办公室和村创业指导服务站合二为一，配备素质高、政策熟、业务精的工作人员，落实创业服务"一帮一"制度，推行创业培训与开业指导、项目开发、担保贷款、创业补贴、跟踪扶持等"一条龙"服务的工作模式；专门设立"扶持创业奖励"政策，人社协理员及基层平台帮扶创业者成功创业可享受 500 元奖励，既提高了基层工作人员的积极性，客观上也提高了农民创业的成功率。

4. 模式创新，推动创业就业

2015 年句容市委、市政府出台了《句容市城镇化进程中推动城乡居民实现更高质量就业的实施方案》，建立市、镇、村三级联动的劳务合作组织，将农村大龄、低技能、零就业家庭等就业困难劳动者组织起来，以创业园和企业为服务载体，通过信息对接、技能培训等方式就近就地输入劳动力，探索出"社—园"（劳务合作社+创业园）、"社—企"（劳务合作社+企业）、"社—政"（劳务合作社+公益性岗位）、"社—社"（劳务合作社+农产品合作社）4 条发展道路。截至 2015 年年底，全市共成立劳务合作社 70 家，带动 8 万余名劳动者就业，开启了城乡居民创业就业的新模式。

5. 机遇抢抓，营造"双创"氛围

"大众创业、万众创新"是当前我国的重要战略之一，电子商务作为创新创业的新工具，在推动经济发展、产业变革方面发挥着重要作用。句容市委、市政府审时度势，于 2016 年年初下发了《关于加快推进全市农村电子商务发展的实施意见》，推动发展农民创业的新型业态——农村电子商务。一是与阿里巴巴淘宝网合作，成立农村淘宝句容市服务中心，2016 年计划筛选 100 个农民创业特色显著的村（社区），建立村级服务站；服务站提供网上销售、创业培育服务。截至 2016 年 3 月，已有 35 家服务站正式开业运营，工作人员走进创业大户，宣传指导、现教现学，扶持创业大户精准触网、成功创业。二是筹建全市首家农村电子商务产业园，园区总建筑面积 20000 平方米，共 10 幢楼；园区设有电商孵化中心、农村产权交易中心、众包服务中心、众创空间、菜鸟物流等区域，集孵化服务、产品展示、现货交易、仓储物流、商务办公为一体；功能齐全、服务优质，为农村电商创业搭台筑路。三是举办"创动容城"首届电商创业大赛，搭建资金项目、人才交流的平台；进一步宣传句容的政策、环境，吸引外地电商、专家、人才到句容聚集、发展；挖掘本地优质电商创业项目，开展创业扶持、培训指导，让

句容的电商企业遍地开花、四面闪光。

二、镇江句容"农创园"及农业企业发展中存在的问题

尽管镇江句容农业企业发展较早，基础较好，"农创园"的建设初见成效，但也存在着一定的问题：

一是各类"农创园"的龙头企业分布仍相对偏散。企业抱团取暖的集聚效应较难凸显，企业的信心指数、管理水平、影响力、产品销售、综合实力、抗风险能力等均有待提高。

二是各类"农创园"的龙头企业对当地农产品的销售带动不够。龙头企业和农户的联系不够密切，不少"龙头企业+农户"并没有形成真正意义上的"利益均沾、风险共担"的共同体，制约了企业带动能力的发挥。还有相当一部分龙头企业的原材料依靠进口，利用本地产品的较少，农户很难从中真正获利。

三是"农创园"对龙头企业的政策扶持不够。全面提高农业产业化经营水平需要一个好的政策。在加大资金投入、强化龙头企业原料生产基地基础设施建设方面，要充分发挥龙头企业示范引领作用，支持龙头企业带动农户发展设施农业和规模养殖；在开展多种形式的适度规模经营方面，要鼓励龙头企业引进先进适用的生产加工设备；在改造升级储藏、保险、烘干、清洗分级、包装等设施装备提升技术水平方面，要鼓励龙头企业合理发展农产品精深加工，延长产业链条，提高产品附加值，等等。以上几个方面政策扶持的力度还有待加强。

四是"农创园"中农业专业化人才短缺，农业企业家匮乏。农业企业化是一种新型农村经济组织的制度创新过程，只有培养和造就一支新型农民企业家队伍，才有可能培育和发展农业企业。据调查，现在农村出现的农业企业，大多数是家庭农场或农业公司，不论是规模较大的农业企业，还是处于初级阶段的家庭型农场，经营者的素质普遍不高，驾驭市场经济的能力普遍不强，推进农业企业

化经营，亟待培育造就一支庞大的农民企业家队伍。

五是"农创园"中农业企业的精深加工水平低。据调研得知，在生产加工型农业龙头企业中，只有三分之一多点的精深加工型企业。

六是"农创园"的质量安全水平不够高。农业企业生产环境、加工工艺、卫生条件、储藏方法等因素都影响着农产品能否健康、有序、稳定地走向市场。相当一部分企业厂房是租用的，从而造成企业固定资产投资少、生产设施落后、企业规模小、产品档次低、扩大生产融资难，严重影响了企业做大做强。而像"云兔草莓""恒兴大米"等一批发展良好的农业企业，则得益于政府给予的发展空间，政府只有及时解决企业的实际困难，企业的发展才会突飞猛进。

三、推动句容"农创园"转型升级的对策建议

"农创园"的创新载体建设和农业企业化运行是一场自下而上的、内生的、自发的制度变迁，是传统农业增长方式的转变，也是农村农业改革的一次飞跃。句容市依照 2016 年中央一号文件的要求，围绕有利于企业优化组合发展、有利于充分发挥农业企业的联结带动作用、有利于农业特色产业的集群发展的"三个有利于"要求，大力支持"农创园"的转型升级、农业产业化和现代农业的发展，要结合句容农业企业发展的实际情况，就破解农业企业发展瓶颈，发挥龙头企业集群集聚优势，集成利用"农创园'新载体的资源要素，完善强化农业产业化功能，提升辐射带动能力，在促进句容"农创园"转型升级的同时，推动农业现代化与工业化、城镇化同步发展。因而提出如下建议：

1. 进一步打造和健全句容"农创园"的产业链和产业体系

统筹现代农业资源，着力打造从技术研发、种苗繁育、规模种植到精深加工、市场交易、仓储物流、生态旅游、创业辅导一体化

发展的现代农业产业体系，建立一个集加工、物流、科研、信息于一体的农业产业化特色园区。在产业链和产业体系建设方面，实现转型升级的重点是推动农产品加工业转型升级。加强农产品加工技术创新，促进农产品初加工、精深加工及综合利用加工协调发展，提高农产品加工转化率和附加值，增强对农民增收的带动能力。加强规划和政策引导，促进主产区农产品加工业加快发展，形成一批优势产业集群。开发拥有自主知识产权的技术装备，支持农产品加工设备改造提升，建设农产品加工技术集成基地。培育一批农产品精深加工领军企业和国内外知名品牌。强化环保、能耗、质量、安全等标准的作用，促进农产品加工企业优胜劣汰。研究制定促进"农创园"的产业链和产业体系健全的意见。在一体化特色园区建设方面，注重强化农产品流通设施和市场建设。健全统一开放、布局合理、竞争有序的现代农产品市场体系，在搞活流通中促进农民增收。加快农产品批发市场升级改造，完善流通骨干网络。完善跨区域农产品冷链物流体系，开展冷链标准示范，实施特色农产品产区预冷工程。推动公益性农产品市场建设。支持农产品营销公共服务平台建设。开展降低农产品物流成本的行动。促进农村电子商务加快发展，形成线上线下融合、农产品进城与农资和消费品下乡双向流通格局。鼓励大型电商平台企业利用"农创园"新载体开展农村电商服务，优先支持"农创园"健全农村电商服务体系。建立健全适应农村电商发展的农产品质量分级、采后处理、包装配送等标准体系。建议成立专门的推进工作领导小组，由一名市级领导为组长，农办、发改、财政、国土、规划、农业环保等相关职能部门为成员。在领导小组的牵头下，搭建班子，组建机构，理顺关系，形成合力，切实推进园区的建设。

2. 加强相关规划，进一步挖掘"农创园"后续发展的潜力

建议选择拥有土地资源及具有建立农产品加工园区必备的优越条件的"农创园"，党委、政府对其进行综合评估，对发展潜力较

大的"农创园"进一步精心规划。做好土地综合利用、基础设施配套、环境保护、节能减排等工作,实现园区资源利用最大化、发展成本最低化、效益最好化、污染排放最少化,使优质的"农创园"转型升级为真正有项目、有产业链、有效益的农业特色园区。此外,在"农创园"的转型升级中,还需要通过规划和潜力的挖掘来促进农业生产和营销的紧密衔接,以及农村一二三产业深度融合,推进农业产业链整合和价值链提升,让农民共享产业融合发展的增值收益,培育农民增收新模式。通过创新发展订单农业,支持农业产业化龙头企业建设稳定的原料生产基地、为农户提供贷款担保和资助订单农户参加农业保险。鼓励发展股份合作,引导农户自愿以土地经营权等入股龙头企业和农民合作社,采取"保底收益+按股分红"等方式,让农户分享加工销售环节收益,建立健全风险防范机制。加强农民合作社示范社建设,支持合作社发展农产品加工流通和直供直销。通过政府与社会资本合作、贴息、设立基金等方式,带动社会资本投向农村新产业新业态。实施农村产业融合发展试点示范工程。财政支农资金使用要与建立农民分享产业链利益机制相联系。巩固和完善"合同帮农"机制,为农民和涉农企业提供法律咨询、合同示范文本、纠纷调处等服务,从而带动整个园区的转型升级和持续发展。

3. 实施部门联动,进一步优选项目入驻

建议由市农业农村局牵头,精心选取一批对农业产业化有带动作用、发展前景良好、急需用地的农业龙头企业入驻园区,对产值规模较大、带动能力强、特色明显、与民生息息相关的农业龙头企业要优先考虑。以龙头企业为主导,建设紧密型、规模化、标准化农产品生产基地。"农创园"坚持以现代化农业企业经营为基础,支持新型农业经营服务主体成为骨干力量,充分发挥多种经营形式在农业机械和科技成果应用、绿色发展、市场开拓等方面的引领功能。积极对接家庭农场、专业大户、农民合作社、农业产业化龙头企业等新型农业经营主体。支持多种类型的新型农业服务主体开展"农创园"中所需的农业化规模化服务。实施农业社会化服务支撑工程，扩大政府购买农业公益性服务机制创新试点。加快发展农业生产性服务业。完善工商资本租赁农地准入、监管和风险防范机制。

4. 统筹安排，进一步加大对园区的扶持力度

建议党委、政府在企业准入、土地价格、税费、信贷支持等方面针对农产品加工园区制定相应的优惠政策，大力支持入园企业发展。鼓励入园企业与科研单位开展合作，提升企业研发能力，加大技术改造力度，提高产品质量档次，增强企业的核心竞争力。充分发挥财政政策导向功能和财政资金杠杆作用，鼓励和引导金融资本、工商资本、社会资本更多投向"农创园"。加大专项建设基金对农村产业融合、农产品批发市场等"农创园"中重点项目和工程的支持力度。

句容市村级集体经济发展研究

　　"小康不小康，关键看老乡""没有农村的小康，特别是没有贫困地区的小康，就没有全面建成小康社会""中国要强，农业必须强；中国要美，农村必须美；中国要富，农民必须富"，习近平总书记多次强调，要坚持把解决好"三农"问题作为全党工作重中之重，加大推进新形势下农村改革力度。党的十八届五中全会通过的《中共中央关于制定国民经济和社会发展第十三个五年规划的建议》就农业现代化、农村贫困人口脱贫等"三农"问题明确了指导思想、主要目标、基本理念和战略举措。20 世纪八九十年代，句容抢抓发展机遇，大力兴办乡镇企业，出现了"村村点火，户户冒烟"的景象。近年来，句容又结合实际制定实施了发展村级集体经济的一系列政策，村级集体经济日益壮大，农民收入快速增长，新农村建设日新月异。但从总体上看，农业仍然是"四化同步"的短腿，农村仍然是全面小康社会的短板，尤其是村级集体经济增收渠道单一、资源制约较大、发展还不平衡。加快村级集体经济发展，提高村级运转保障和公共服务能力，改善农民生产生活条件，补齐农业短腿和农村短板，推进"强富美高"新句容伟大事业，是句容亟待解决的重要课题。

一、加快村级集体经济发展的重要性和必要性

　　发展是解决一切问题的基础和关键。发展壮大村级集体经济，是推进农村经济建设的重要经济任务，也是提高农村基层组织执政

169

能力、加强农村社会管理、实现基层社会持续稳定的重大政治问题，对于贯彻落实"五大发展理念"、顺利实现全面建成小康社会的目标具有十分重要的作用。

（一）加快村级集体经济发展，是推进农村经济建设的重要经济任务

早在20世纪80年代末、90年代初，习近平同志在福建宁德工作期间，针对"有的同志说，只要农民脱贫了，集体穷一些没有关系"的错误思想认识，就明确指出："我们说，不对！不是没有关系，而是关系重大。"他强调，发展集体经济是实现共同富裕的重要保证，是振兴贫困地区农业发展的必由之路，是促进农村经济发展的推动力。改革开放30多年来的句容实践也表明，只有发展壮大村级集体经济，村级组织才能掌握得住、运用得了雄厚的资金，增强集体的服务功能，为发展农村经济、促进农民增收创造良好的条件；才能加快农村基础设施建设，改善村容村貌，优化农民生产生活环境，推进农村现代化建设。不断发展壮大村级集体经济的量和质始终是农村经济建设的重要经济任务。

（二）加快村级集体经济发展，是巩固农村基层政权的重大政治问题

村级集体经济是农村党组织凝聚群众力量、开展各项工作的物质基础。村级集体经济的实力同农村基层组织的凝聚力和战斗力是紧密联系的，是评价农村基层党组织工作绩效的关键指标，也是检验农村基层党组织工作能力的试金石。从句容的经验看，集体经济强，村级组织的凝聚力和战斗力就强；集体经济薄弱，村级组织缺乏办实事的物质基础，无力为农民提供更好的服务，就会直接影响村级组织的凝聚力、号召力和战斗力，甚至影响农村和谐稳定。事实上，也只有集体经济发展了，各类公益事业才能得到发展，社会保障体系才能不断完善，农村社会不安定因素才能从根本上得到消除。可见，发展村级集体经济不仅仅是一个经济问题，更是一个政治问题。

（三）加快村级集体经济发展，是建设更高水平小康社会的关键所在

建设更高水平小康社会，推进"强富美高"新句容伟大事业，工作基础在农村，薄弱环节也在农村。经济强——农村集体经济是根基；百姓富——关键要看我们身边的农民群众富不富；环境美——美就美在村容村貌干净整洁；社会文明程度高——乡风文明是重要组成部分。可以说，没有"强富美高"新农村，就没有"强富美高"新句容。这其中，"经济强"又是最重要的一个方面，只有经济发展了，才能在促进农民增收、开展环境整治等各个方面施展手脚、取得成效。因此，建设更高水平小康社会，实现"十三五"规划的宏伟蓝图，关键还是要靠农村基层党组织团结带领群众共谋发展之策，共建美好生活。

二、句容市村级集体经济发展现状及存在的主要问题

（一）发展现状

1. 农村党员干部发展能力不断提高

火车跑得快，全靠车头带。句容市村级领导班子自觉跳出"句容"找差距，向苏州、无锡等市的苏南一流强村看齐，不断增强富民强村的责任意识、紧迫意识；创新思路跑项目、筹资金，积极争创创业型、发展型党组织，争当"双强"型村干部。近年来，句容市先后选拔400多名"双强"型村干部，"双强"型村书记比例已达100%，仅2014年农村青年党员数量就比2008年翻了一番，共有300多名中青年党员创办、领办致富项目260余个，带动群众4000多人创业致富。

2. 村级经济发展质态日益提升

近几年来，在一系列制度红利的刺激下，句容市村级经济实现了"井喷"式发展，尤其是村级物业经济的发展。截至2017年6月，句容市共建成村自有产权的标准化厂房和三产物业用房80多

万平方米，引进企业和项目近 1000 个，每年为村集体增加经营性收入 7000 多万元。从 2015 年度村级经济统计情况看，全市 364 个村（含村改居社区）的经营性收入总额为 6.37 亿元，村均 175 万元；经济总量超亿元的村超过 150 个，约占 50%。但各村之间发展还不平衡，存在发展失衡现象。年经营性收入最高的村达到 550 万元，最低的只有 100 万元，年经营性收入在 100 万元至 130 万元的有 107 个村。

3. 经济薄弱村迅速脱贫转化

实施弱村振兴"361"工程，选派副科级机关干部赴村担任"第一书记"，因地制宜，挖资源、引项目，不断拓宽村级集体增收渠道。截至 2014 年年底，句容市 35 个经济薄弱村已全部完成脱贫。其中，年经营性收入超过 100 万元以上的有 17 个，占比 48.6%；全面消除了年人均收入 6000 元以下的低收入家庭。同时，对照苏南现代化示范区建设要求，句容市将经济薄弱村的门槛由 70 万元提高到 100 万元。

（二）主要做法

1. 开展"三增"主题活动

2008 年以来，句容市连续实施两轮"三增"主题活动，以发展物业经济为主攻方向，鼓励村（社区）建设自有产权的标准化厂房，或到城区、集镇购置物业用房，形成稳定性的租金收入，有效提高了市村级收入的整体水平。对经济薄弱村发展给予大力支持，新建标准化厂房面积在 1000 平方米以上、"三产"经营用房面积在 50 平方米以上的，市、镇两级财政分别给予 200 元/平方米的补贴。对位置偏远、底子较差的经济薄弱村，通过"飞地"形式，帮助其在镇工业园建设标准化厂房或在集镇建设物业用房。

2. 实施弱村振兴"361"工程

2013 年，为贯彻落实镇江市"百村万户"双达标行动要求，句容市实施弱村振兴"361"工程，即利用 3 年时间，以制定一个好规划、引进一批好项目、兴办一批好实事、建强一个好班子、完善一套好制度、创造一个好环境"六个一"为工作重点。选派68名副科级干部赴经济薄弱村担任"第一书记"，帮助经济薄弱村脱贫致富。开展机关部门与村"一联一"结对活动，以"一对一"挂钩的形式，定点联系，集中发力，帮助发展村级集体经济。

3. 实施联系服务群众"六项工程"

2014年12月，在全面整合过去帮扶措施的基础上，句容市启动实施联系服务群众"六项工程"，提出村级经济发展"升档进位"工程。强化村级发展目标管理，对364个村集体经济发展情况逐个进行分析研判，2015年重点对35个底子差、位置偏、增收乏力的经济薄弱村实行"一村一策"，市委组织部协调市级机关部门和镇（街、区）逐一解决增收项目建设问题，促进村级集体经济升档进位。2015年年底，句容市全面消除了经营性收入低于100万元的经济薄弱村，提前5年完成镇江市"百村万户"达新标任务；全市村均经营性收入从2008年的27万元增长到2015年的175万元。

4. 实施村级经济发展"1010"行动

2016年以来，句容市在村集体收入整体水平大幅提高的基础上，对照2020年村级收入全部达到150万元的目标，制定"1010"行动计划，采取"抓两头带中间"的方法，推动村级经济再上新台阶。2016年上半年，结合建党95周年表彰"科学发展十佳村"，通过示范引领整体升档进位。重点经济薄弱村由市领导挂钩联系，同时增加机关部门结对帮扶力量，实施"一村一策"，进一步加大力度，帮助重点经济薄弱村跳出发展"洼地"。

（三）存在问题

1. 增收渠道单一

截至2016年年底，句容村级集体经济总体上形成了以标准化厂房租金为主、其他收入为辅的收入格局。应该说，标准化厂房增收的效果十分明显，使村级集体收入在较短的时间里向前迈进了一大步。但是，随着土地指标日益趋紧、存量资产逐步消耗，标准化厂房的增收效益基本到顶，而且在部分村存在将建标准化厂房视作发展物业经济的"唯一方法"的现象，其他如服务业、股份合作、厂房之外的物业等收入渠道拓展不够，多元化的收入格局没有确立，高新农业、投融资收益等新型收入在村集体经济中占比很小，一些村征地拆迁服务费和捐赠收入占到了50%以上，村集体经济持续发展的增长点不多。

2. 发展资源制约

一是存量基本用尽。各村为加速发展村级经济，积极盘活存量资产，开展项目建设。目前，土地指标、存量资产等基本用尽，政策优惠基本到顶，下一步发展面临着"无米下锅"的困境。二是人力资源不够。村集体兴办的农业和三产项目的从业人员大多是闲散、高龄、低学历的普通农民，缺乏专业技术人员的有力引导，项目利润率低。三是缺乏必要资金。村集体贷款手续复杂，条件要求高，缺乏稳定的资金支持渠道。

3. 地区发展不平衡

通过开展两轮"三增"活动，实施弱村振兴"361"工程，2015年句容市已经全面消除了年经营性收入100万元以下的经济薄弱村，村集体收入总体水平较高，但从各个村具体情况看，村与村之间发展不平衡的现象还比较突出。2015年年底，年经营性收入最高的村达到550万元，最低的只有100万元，需要因村施策，促进均衡发展。

4. 发展精气神不足

经过多年发展，村级经济发展了，农村条件改善了，农民的收入增加了，村干部干事创业的激情理应更足，但面对发展的成绩，少数村级基层组织和部分党员干部却滋生了小富即满、小富即安的意识，快马加鞭的志气消磨了，争先领先的锐气削弱了。有的干部面对发展过程中存在的矛盾、困难和风险，畏难情绪较重，守业思想浓厚，干事担当及创新业、创大业的胆识不够。

三、加快句容市村级集体发展的路径选择

（一）做好"加法"，拓宽村级增收路径

1. 持续推进标准化厂房建设

按照"集中、集聚、集约"原则，持续推进标准化厂房建设，鼓励在镇工业集中区建设村自有产权的厂房，鼓励建设多层厂房，根据经济社会发展、规划交通格局变化，合理确定厂房租金标准，不断提高集体收入。

2. 大力开发集体物业用房

鼓励镇（街、区）牵头，按照"统一规划、统一建设、统一管理"的要求，在城区或集镇建设物业用房，并以优惠价格出售一部分给村，用以增加村级物业租金收入。有条件的村可自行建设或投资易地建设物业用房，在新建居民点和集中安置小区时要配置一定比例的村级物业用房。

3. 拓宽服务性收入渠道

对接产城融合，为城市和产业发展提供物流、租赁、商务等生产性服务。组建各类合作社、中介组织，为工业小区、大型企业、种养大户等各类生产经营主体提供社区服务、后勤保障、服务外包及其他各类有偿服务。

4. 开展股份合作制改革

以创新产权管理机制促进集体经济发展，通过"资本经营、股份合作、民主决策、独立核算、风险共担、收益共享"，实现集体经济发展和农民按股分红增收的"双赢"。

5. 提供村级资金投资收益

加强村级自有资金管理和使用，严格控制非生产性开支。在保证资金安全的前提下，可通过注资镇融资平台、参与投资开发等途径提高集体资金收益。

6. 强化结对帮扶

认真落实机关部门和村"一联一"结对制度，充分发挥机关部门作用，帮助理清发展思路，集中资源促进村级发展。深入推进弱村振兴"361"工程，发挥好"第一书记"作用，加大对经济薄弱村的帮扶。

（二）做好"减法"，切实减轻村级负担

1. 减少村级公共事务负担

实行公共事务准入制度，除《中国共产党章程》《中华人民共和国村民委员会组织法》等法律、规章明确规定以外，市级机关部门和镇（街、区）原则上不得在村设立对应机构或下达工作任务。经过审批准入的公共事务，实行权随责走、费随事转。

2. 减少村集体非生产性开支

加强村级财务管理，严格控制办公、招待等非生产性支出，每年非生产性开支占村财务总支出不得超过一定比例。严格控制村集体公费订阅报刊额度。严禁单位和个人向村集体摊派、报销费用。

3. 减少村级挂牌和台账

村级综合服务中心统一悬挂村"两委"、综合服务中心标识，其他功能室挂牌一律不作硬性要求。减少各类制度上墙，提倡以便民服务手册、电子信息平台等形式公开服务事项和相关工作制度。除会议记录、日常工作记录外，村级一律不建立专门台账。

（三）做好"乘法"，进一步加大政策扶持力度

1. 强化优惠政策兑现落实

对市级层面出台的优惠政策，各相关部门和镇（街、区）要落实到位，该兑现的要兑现，该配套的要配套，消除"中梗阻"现象，为村级发展提供支持和保障。

2. 优化土地资源补偿机制

对城乡建设用地增减挂钩项目，市财政要提高专项补助标准，或者按照一定比例，将新增用地指标留存一部分给镇统筹使用，其中要明确部分用于发展村级增收项目，以提高基层人员工作的积极性，让基层人员得到收益。

3. 实行集中安置区"留用房"政策

结合农民集中安置区建设，对涉及征地拆迁安置的村实行留房扶持政策，按照安置区住宅建筑总面积的一定比例配套经营性用房定向留给村集体使用，房屋租赁经营收入主要用于安置区物业管理。

茅山老区句容农民收入倍增的对策研究

为确保江苏省率先全面建成小康社会的目标，江苏省提出了以2010年为基数的居民收入7年倍增计划。位于苏南板块的镇江市，要求"十二五"末提前实现倍增计划。地处茅山革命老区的农业大县句容市，农民收入能否如期倍增，直接影响到镇江市乃至江苏省倍增计划的实现。因此，认真审视句容农民增收的现状，深入分析影响农民增收的各种因素，提出切实可行、具有针对性的对策措施，让发展成果更多惠及农民，具有重要现实意义。

一、句容市农民增收的现状

句容市位于长江下游，地处宁镇丘陵山区，总面积1385平方千米，其中低山、丘陵与岗坡地占87%，是江苏省丘陵面积比重最大的县市之一。自"十一五"以来，句容市立足丘陵山区实际，加快农业结构调整，发展高效农业，帮助农民创业，积极推动劳动力转移就业，有力地促进了农村持续繁荣和农民持续增收。"十一五"末，农民人均纯收入为9925元，2011年上升到11692元，连续8年保持了两位数增长，涌现出了一批创业致富的典型。

1. 党支部、村委会成为农民致富增收的领路人

天王镇戴庄村为帮助农民增收致富，注重发挥基层党组织和村委会作用，将党支部、村委会骨干、农业科技人员和农民"绑"在一起，建立农民合作经济组织和农产品专业协会。农技人员长期驻村、驻社提供技术支持，合作社将分散生产和统一加工销售有机结

合，走区域规模化之路。唐陵村为克服单个专业合作社经营规模和服务半径较小的弊端，将花木专业合作社和花木交易市场进行整合，成立花木行业商会，会员之间在资金、花木品种、数量和各个生产环节上相互协调，统一品牌，统一销售，抱团发展闯市场，提高了花木产品的市场竞争力。在此基础上，唐陵村还吸引了全国知名农业上市公司——广东棕榈园林股份有限公司前来投资，给农户提供最前沿的市场信息和良好的技术指导，使本村苗木种植户每年增收 350 万元，村集体经济每年也增收 50 万元。后白镇西冯村创立了"党支部+基地+合作社"的发展模式，帮助农民摆脱只在生产环节上打转转的怪圈，将农业的产业链延伸到观光休闲和消费者的"餐桌"上，增加了农产品附加值。入社农户人均年收入超过万元，高于一般农户 20%。

2. 引导农民大力发展设施农业、高效农业、生态农业

为了引导更多农民走上致富增收道路，句容市委、市政府要求原市农委等职能部门，以"专家示范园""科技服务超市"和"农技推广协会"建设为抓手，打通新品种、新技术进村入户最后一公里，推进现代农业园区建设，发展设施农业、高效农业、生态农业，建设了一批绿色无公害农产品生产基地。如右白兔镇建立的"全国葡萄标准化示范区"和"全国无公害大棚草莓标准化示范区"，承担起了技术推广、经验传授、骨干培训等职能。示范区的示范带动、推进了设施农业、高效农业、生态农业和休闲农业的发展，句容成为江苏省唯一的"全国休闲农业和乡村旅游示范县"。2011 年，句容从事乡村旅游的农民达 2 万多人，带动农民增收 5 亿多元，极大地促进了农民增收。

3. 积极推进农民创业园建设，开辟农民增收新渠道

2012 年以来，句容以建设创业型城市为契机，激发农民创业热情，优化创业环境，大力推进农民创业园建设，使之成为农民增收的新渠道。句容市在全省率先创新农民创业方式，着力打造"一

镇一品一村一园"工程。截至 2012 年 8 月，全市共建设了 113 家农民创业园，促进农民增收 1.1 亿元，加上外出打工，农业劳动力转移率达 72%。后白镇开设广兴创业园、力轮车业有限公司、西冯花草木合作社 3 个创业基地，采取免土地租金、免贷款利息、免宣传费用的"三免"政策，有效地解决了农民和大学生"村官"创业租赁土地难、启动资金难的问题。边城镇通过引进宁武高新科技有限公司等龙头新兴科技企业，实现了经济总量的跃升，农民就近转移。市人社、财政等部门联合对"农创园"等创业基地实行扶持，给予贴息贷款、创业补贴、建园奖励。"农创园"共扶持 547 名农民成功创业，带动 1.18 万农民就业，人均增收 8000 元。

二、影响农民增收的因素分析

句容市农民增收尽管取得了一些成绩，但一些影响农民增收的因素不容忽视。

（一）传统农业增收潜力有限

句容的高效农业只占全市农业的一小部分，传统农业仍然占了大头。而传统农业增收潜力有限，且有以下天然劣势：

1. 抗灾能力弱

因农田水利基础设施不够完善，加之年久失修，句容大部分丘陵山区容易干旱，而其西南部地势低洼，又易遭受洪涝灾害。农民凭经验和传统技术种田，基本上是"靠天吃饭"，如遇天灾，收入十分微薄。

2. 分散经营效益低

尽管国家不断提高粮价并实行保护价收购，但一亩地一年的种粮收益仍不如进城打工一个月的收入。所以，农村主要劳动力大多外出打工，承包土地仅靠老人妇女简单耕种，赚个口粮就行。现在国家不但免去了农业税和各种费用，而且只要种地就有补贴。所以，农民为了保住口粮，不愿流转土地。考虑到土地的保障功能，农民更是宁愿让耕地荒着也不愿流转。土地流转制度难以建立，阻碍了农业规模化经营，使农民不能从规模化经营中获利，不利于农业发展和农民增收。

3. 农业成本居高不下

受原材料涨价影响，农药、化肥、农机等农业生产资料近年价格涨幅较大，与生产生活密切相关的水、电、交通运输价格和用工成本都有一定程度的上涨，生产成本上升降低了农业比较效益。

（二）农业产业化经营水平低

1. 农产品缺少深加工因而附加值低

句容市农产品深加工企业少，初级品未经转化增值就进入市场，未真正形成从"地头到餐桌"的产业链。句容特色的应时鲜果等经济作物不耐久贮，由于缺少科学适用的初加工技术和深加工企业，鲜果成熟期内如不能及时售出，就必须采取冷冻储藏，造成储存费用增高，有时价格异常波动还会导致农民血本无归，以致农民收入增长举步维艰。受传统农业的影响，大部分农民组织化程度低，个体农户难以预测未来农产品价格并做出准确判断，以致生产带有明显的盲目性，遇到市场风险农民不仅不能增收，而且会蒙受巨大损失。农民品牌意识不强，生产品种多乱杂，影响了规模发展和市场竞争力。还有部分农民与农产品加工企业在利润分配中处于弱势，难以获取应得利润。

2. 基层农技推广有待完善

镇级农技推广机构在人员、经费等方面有较大的困难，而且机制不顺。市里管事不管人，镇里管人不管事，农技推广成了副业，缺少工作经费。农技人员下乡服务的通信、交通等费用须自己掏腰包。部分村级农技人员由非农专业的大学生"村官"兼职，农技服务质量和水平有待提升。不少基层农技人员只关心农技推广，不关心市场，不了解新产品新技术是否迎合市场需求，影响了农技推广。另外，种田农民呈现"老龄化、妇女化"，文化水平低，对新科技、新成果吸纳和应用能力差，只注重农产品量的增加，不注重质的提高也是导致农技推广难的原因之一。

(三) 农民收入分配待遇不公

1. 农民工不能享受"国民待遇"

工资性收入占句容农民收入的60%以上，已成为句容农民收入的主要来源。现行户籍制度造成的身份不同，使农民工备受歧视。由于农民工受教育程度普遍偏低，因此很难由"体力型"劳动力转向"智力型""技能型"劳动力。他们用汗水为城市的发展做出了巨大贡献，却没有得到与城市职工相同的各种收益，更没有享受到均等化的公共服务。由于经济下行压力加大，部分企业开工不足，首先被下岗的也是农民工。

2. 财政支农农民直接受益较少

句容财政在农业支出上用于人员供养及行政开支部分大体在60%左右，占比过大，结构不太合理。财政用于流通环节的农业补贴，主要是消费者受益，生产者受益较少。种粮直补并未发挥出应有的激励作用，土地原承包人享受种粮直补，承租流转土地的种粮大户却拿不到。金融机构对农村的支持率低，如句容农村商业银行和邮政储蓄银行贷款手续繁，限制条款多，村镇银行利息高，许多农民望而却步。

三、提高农民收入的对策建议

(一) 拓宽农民增收渠道，着力提高农民工资性收入

工资性收入占句容农民收入的60%以上，是现阶段促进农民增收的关键举措。要加强农民外出就业的指导和服务，加快推进"村级劳动保障服务站"建设，健全农村就业服务网络，推行就业信息"村村通"，开展"15分钟就业服务圈"，构建无缝隙"就业网"，促进农村劳动力转移就业。根据市场需求和农民意愿，加强对外出务工农民的培训，培养勤劳+技术的"智慧农民"，让适龄农民个

个都有一技在手，变"体力型"为"技能型"，增强农民转移就业的能力。针对一些既想外出打工，又不愿流转承包地的农民，建议鼓励农机大户独办或联办"帮耕队"，与农户签订帮耕协议，公开收费标准，做出质量承诺，开展服务式统一耕种，确保地有人种，让外出打工者安心打工，不至于一心挂两头，影响打工收入。

为吸纳更多农民进城就业，必须推进以县城为龙头的新型城镇化建设。以县城和中心镇为主体的新型城镇是吸纳农村劳动力、开展农副产品加工和发展第三产业的重要阵地。县城无论是基础设施还是产业配置都有一定基础，在集中力量抓好县城建设的同时，要建设一批布局合理、特色鲜明的新型城镇，逐步形成以县城为主体、中心镇为骨干的城镇格局。降低农民进入县城和中心镇的"门槛"，引导农民向县城和中心镇集中，增加城镇的人气，提高句容城市化水平。中心镇的发展离不开产业支撑，要高度重视中心镇的产业发展，政府应在加大自身投资的同时，加大招商引资力度，引入民间资本、外来资本等投入中心镇的建设，加快产业集聚，提高中心镇的功能配套水平，吸引农民就地创业就业增收。

（二）加快转变农业发展方式，挖掘农业内部增收潜力

要增加农民来自农业的收入，必须提高农业科技含量，加大先进适用技术的推广力度。2012年中央一号文件把农技推广工作定为公益性，财政将担负起基层农技推广经费资金保障责任，从根本上消除农技人员的后顾之忧。要推行农技人员包村联户制度，激励和引导广大农技人员发扬全国"三农"人物赵亚夫的精神，把"论文写在大地上，成果留在农民家"。建立农技人员的绩效考核机制，把个人利益与成果转化效益结合起来。句容应积极主动地与域内镇江地区农业科学研究所、江苏省农林职业技术学院挂钩，邀请专家教授到现场进行技术培训和操作辅导。加大"职业农民"培训力度，提高"持证农民"和农村实用人才的比例，打造一支职业农民队伍。继续向农村选派科技特派员，到田头面对面、手把手开展

农业实用技术培训，让农民学到创业增收真本领。

（三）深化农村体制改革，建立农民增收稳定机制

1. 充分保障农民的物权

农民的物权包括土地收益权和房产交易权，这是法律赋予农民的合法财产权。土地收益权是在不改变土地性质、承认土地集体所有的情况下，通过使用权和经营权的流转，让承包的农民获得土地资本收益。要打破农村集体土地须变成国有土地才能交易的限制，加快建立农村集体土地交易市场，制定集体土地交易办法，提高土地流转的透明度。全面推广土地股份合作社，农户以"土地承包经营权"入股，把土地使用权变为股权，农民当股东。入社土地由合作社统一耕种，农户除获得劳动收益外，还可享受年底分红和种粮直补。对已流转的土地建议采取"实物地租"的形式，约定每亩租金为若干粮食，按当年国家保护价现金结算，这样做可打消农民对租金贬值的顾虑。赋予农民小产权房资产属性，对农民在宅基地上合法建造的房子，发给宅基地使用权证和房屋所有权证，应允许农民将自己不住的小产权房自由买卖，买者不分性质、身份，增值归己，以增加农民财产性收入，最终建立起城乡一体化的房地产市场。允许农民用承包地和经确权的自有住房抵押融资，以解决创业资金不足的困难。

2. 建立完善农村保险机制

要健全农业保险制度，促进农业保险科学发展。句容是自然灾害频发的地区，政府要加快建立完善政策性农业保险机制。在搞好常规农业保险的基础上，尽快扩大农业保险覆盖面，最大限度地消除自然风险、市场风险和政策风险带来的冲击，提高农业抗风险能力。政策性农业保险具有社会公益性，不以营利为目的，应增加财政对农业保险的补贴比例，降低农民自付比例，让农民买得起保险，从而真正受益。世贸组织"绿箱"政策规定，"当农业收入损失超过前 3 年平均毛收入或等量净收入的 30%时，农民可得到当年

收入损失 70%以内的补偿"，这是值得我们借鉴的稳定农民收入的机制。上海市对绿叶菜的政策性保险值得我们学习。菜农同时投保蔬菜险和价格险，无论是发生自然灾害还是市场风险，双方都可实现收益，从而以险养险。政府应鼓励农业产业化中的龙头企业将农产品利润的一部分作为价格风险基金，在农产品价格过低时补偿给农民。大力提高农村社会保障水平和补助标准，逐步提高医疗费用的补偿标准，扩大报销范围，提高医疗费报销比例。全面实施被征地农民保障计划，构建和完善城乡一体化的社会保障体系，句容市在 2015 年年末，基本实现城乡居民养老待遇无差异，增加农民保障性收入。

句容扎实推进农民共同富裕的路径思考

党的二十大报告将"实现全体人民共同富裕"列为中国式现代化的本质要求和重要特征之一，同时明确把"全体人民共同富裕取得更为明显的实质性进展"作为 2035 年我国发展的总体目标之一。共同富裕归根结底是为了让全体人民过上好日子。实现共同富裕，最艰巨最繁重的任务在农民，促进农民共同富裕是推进全体人民实现共同富裕的重点任务。作为革命老区、农业大县的句容，探索扎实推动农民共同富裕的路径，取得了以现代农业绿色发展、先富带动后富、让广大农民共享发展成果的明显成效。

一、以新型城镇化联动农民共同富裕

促进农民收入增长不能完全依赖农业生产，需要在城乡融合的架构中加以推进，让农村对接城市居民的消费市场，推动现代化发展成果惠及广大农民。城镇化是推动农民实现共同富裕的重要动力。习近平总书记强调："要把县域作为城乡融合发展的重要切入点，推进空间布局、产业发展、基础设施等县域统筹，把城乡关系摆布好处理好，一体设计、一并推进。"句容正积极推进市镇村资源统筹配置、功能衔接互补，加快县域内城乡统筹发展。以县城为基本单元推进融合发展，发挥县城连接城市、服务乡村的作用，增强县城对乡村的辐射带动能力，促进县域基础设施和公共服务向乡村延伸覆盖，强化县城与邻近城市发展的衔接配合。句容地处苏南、长三角经济圈腹地，可发挥自身的生态、地域、文化优势，坚持"融城入圈"战略，"融城"就是加快融入南京、接力镇江，"入圈"就是主动融入宁镇扬一体化和长三角经济圈。提高县城与周边大中城市互联互通水平，强化县城与邻近城市发展的衔接配合，形成以工促农、工农互惠、功能互补、产业错位布局、协调发展、共同繁荣的新型工农关系。发展就业容量大的县域富民产业，持续推进乡村产业提档升级，不断拓宽农民增收渠道。中央《关于推进以县城为重要载体的城镇化建设的意见》，一个重要任务是推进农业转移人口市民化，使农业转移人口享有与县域户籍人口相同的权利和机会。句容市坚持统筹城乡发展，深入推动城乡发展一体化，积极推动构建农村转移人口市民化机制。一是深化农村产权制度改革，强化农村居民财产性权益。通过流转和转让机制提升农村要素配置效率和水平，积极推动县域经济发展，加快县域内城乡融合发展。句容蓄能电站与其所在地俟池村开展村企结对帮扶，2022年7月，双方签订共建协议，当月下旬电站就扶持村里进行"稻鳖共作"试种，在6亩水稻田里放养300只鳖苗。当地农业技术部门预计，水稻加上甲鱼，每亩收入能达5000元左右，比单一种水稻收益高出150%。电站党群部门负责人介绍，下一步，电站将帮助村里发展大棚果蔬等绿色有机农业，依靠国网新源电网全系统常年采购村民的农副产品，打通田间地头到食堂餐桌的绿色通道。后白镇古村的静庆生态养殖（江苏）有限公司是华东地区规模较大的畜禽（蛋鸡）养殖公司。该公司厂房采用欧洲式样，养殖技术和管理实行欧洲标准，全程采用畜禽良种化、养殖智能化、生产自动化、防疫制度化、粪污无害化的养殖方式，在同行业中树立了生态健康养殖标杆，生产的鸡蛋供不应求。截至2021年年底，该村4100亩土地引来了40多家农企发展各类农业项目，实现了产业引领百姓同走共富路。作为草坪经济"强村"的句容市后白镇西冯村，村民家家有小汽车和城乡两套房，宜居家业在这里成为现实。二是以地域相近、文化相连、资源相似、产业相融的乡村聚落体系为单元，调整优化区域空间结构。句容下蜀镇依托长江岸线资源，集中建设临港产业发展区；郭庄镇依托宁杭城际枢纽和南京禄口机场，建设以先进制造和专业物流为主的特色镇；中心城区是句容人口经济集聚的核心区，以现代服务业和高新技术产业为主；宝华依托紧邻南京仙林大学城优势，打造南京东部新兴的科技和生活配套服务区、大学生群体创新创业基地。三是调整优化农业产业布局。中部和西南部两大农业片区是句容及周边城市重要的农产品供应区，北部丘陵农业区适度发展茶叶、花卉苗木等产业，东南部丘陵农业区结合丘陵地区农业综合开发，重点发展有机水稻、茶叶、花卉苗木和特色畜禽养殖等产业。为解决农户融资难、担保难问题，让大家在村子里干事创业没有资金担忧，句容农商银行在句容 153 个行政村实现了整村授信模式全覆盖，农户通过手机银行借款，随用随借，随借随还。

二、以新型农业经营主体，拉动农民共同富裕

小规模家庭经营是农业的本源性制度。句容积极培育、壮大家庭农场，发挥农民专业合作社和合作联社、农业龙头企业的联农带农作用，发展农业生产托管服务，形成农业适度规模经营的局面，将家庭小规模同质化的生产引上现代农业发展轨道。习近平总书记说，发展壮大新型集体经济是引领农民实现共同富裕的重要途径。句容发展壮大集体经济，夯实共同富裕基础，走内涵式发展道路。鼓励村居以清理出闲置的单位院落等集体资源及引导规划区内村民以宅基地使用权入股的形式，合作成立村企共建项目，使村集体和村民获得持续稳定的收益。1995 年出生的郭庄镇退役军人谢广胜，退役后没有和其他战友一样去城里打工，而是选择回句容乡下当一个农民。他勤学农机服务技术，拓展服务理念，短短几年时间，他创办的胜强家庭农场从 300 亩土地扩展到 20000 多亩良田，将周边28 个村的闲置土地全部加以流转利用，带动两三百人就业。疫情

期间，谢广胜在战友舒锦博的帮助下搞起了电商，还手把手教村民做直播。为了能更好地带领村民致富，2018 年，农庄对在边城镇和市农业农村局的支持下，启动"幸福菜篮"蔬菜基地建设，通过党建引领形成了"党支部+合作社+公司+农户"的运营模式，建起了 350 亩的规范化蔬菜种植基地，基地采取承包的方式转租给村民，技术服务、种植标准和生产资料由合作社提供。借助统一订单配送，以产业化、规模化、品牌化带领种植户走上销售快车道，合作社不仅带动了村民增收致富，也给村集体每年增加了 10 万多元的收入。句容市天王镇浮山村的山乡缘家庭农场主胡天娣，利用其对外承接绿化工程的优势，与附近村里 20 家农户签订用工协议，农户年收入从 3 万元到 10 万元不等。同是天王镇的"果牧不忘"家庭农场主华梦丽，免费开放农贸集市，让周边村民将农副产品在她的农场售卖，2021 年，实现周边村民人均增收 3200 元。地处连绵群山之间的下蜀镇空青村，关闭所有的石灰窑、轧石场，村子恢复了绿水青山的美好生态。该村利用良好的生态发展蜂产业，采取"公司+合作社+农户"的模式，通过免费提供蜂种、免费提供技术指导、统一供应生产资料、统一回收蜂蜜产品，带动 210 户村民走上共同富裕的道路。茅山镇何庄村以前农房布局分散，存在大量零散、抛荒地块。2018 年，句容市决定将何庄村空间布局重新调整，释放出 5000 余亩成片土地。何庄村成立土地股份合作社，整体租赁给农业企业建设高标准农田，农户参与分红，获取投资性收益。有着"中国葡萄之乡"美誉的句容市茅山镇，从"一颗葡萄"发力，不仅创成国家农产品地理标志，更是走出国门，抢滩新加坡、马来西亚。该镇成为华东地区较大的葡萄种植地。以葡萄为媒，大力发展集观光、休闲、旅游、采摘为一体的现代农业，推动全域旅游发展，形成了规模化种植、标准化生产、品牌化销售、新型农业经营主体联动发展的产业体系。

句容形成了唐陵全村卖苗木、西冯家家种草坪、丁庄户户产葡萄的产业集群效应，带动了村民共同富裕。

句容正在探索"合作农场"模式，即在农地股份合作社基础上，实行入股农户共同参与，发展以村集体经营为主体的合作农场，让更多人有在家门口就业的机会。自 2019 年起，后白镇林梅村收集整理闲置土地 496 亩，流转租赁给种植大户，村集体经济收入每年增加 5 万元，村民经济收入每年增加 20 万元，同时新增就业岗位 9 个。毕业于江苏农林职业技术学院的"85 后"新农人郁宝峰和他的创业团队，拥有 8 项食药用菌发明专利和 19 项授权实用新型专利，目前带着 4 个村集体一起干。截至 2022 年 1 月，句容现有各级示范合作社 134 家，其中国家级示范社 15 家、省级示范社 22 家，注册登记家庭农场 1387 家，共有各级示范家庭农场 307 家。深入挖掘乡村非遗资源，利用非遗技艺开发乡村文创产品，带动共同富裕。华阳街道下甸村山芋地自然村是国家非物质文化遗产秦淮花灯制作基地，该村以"非遗"文化为主线，大力发展高效特色农业。通过构建高效观光农业+秦淮花灯游览实践+各类民俗体验+服务业的模式，推动农文游融合发展。深入实施文化润村行动，建设覆盖城乡的公共文化服务体系。通过推进资源要素合理化配置，引导村与村之间的差异互补发展，加快集体资产股份合作制改革，推动农民拿租金、挣薪金、分股金、实现乡村经济效益、社会效益和生态效益同增长，形成资源共享、服务共享、人才共享，实现村庄的共同发展和村民的共同富裕。句容市白兔镇唐庄村、白兔村，茅山镇丁家边村、丁庄村、永兴村，后白镇西冯村、天王镇唐陵村等，上了农业农村部发布的 2022 年全国特色产业超亿元村名单。县级以上文明村占比达 80%，村民获评全国道德模范 2 人。

三、以农业科技驱动农民共同富裕

句容注重与周边及境内的农林高校和农业科研院所的合作，与南京农业大学、南京林业大学等高校院所共建后白草坪研究院、丁庄葡萄产业研究院、稻米产业研究院、新优苗木研究所，是国家农业科技园区和农业产业融合示范区、国家现代农业示范区、全国农业科技现代化共建先行县。积极推动"科技+农业"融合发展，重视农业科技的推广运用以提升农业效益，推动农业科技兴农，实现乡村产业朝着更高附加值、更多科技含量领域转移。在农业科技推广方面积极开展低收入群众"授渔计划"，特色做法有亚夫工作室、劳模工作室，建立"专家+团队+农户""1+1+N"技术推广体系。着力构建以数字经济为核心的现代农业产业体系，提高农业生产效率。

一是大力推进农业提质增效。白兔镇与中科物栖（江苏）科技有限公司签订合作协议，共同打造"基于人机物三元融合草莓种植标准系统"。该技术让同一品种的农作物仅需使用同类型传感器，就可将整套田间管理要求和技术管理经验快速复制和使用，方便草莓种植，更多的莓农在家也能实现田间管理，让白兔成为草莓生态化、科学化、标准化种植的"领头羊"。因草莓销售期是 12 月到来年 4 月，为填补水果空档期，该镇与镇江农科院专家团队合作，在持续做大做强草莓产业的同时，鼓励农户发展葡萄、甜瓜、西瓜等种植期、销售期在 5 月到 10 月的水果，通过这样的无缝轮作，既不闲置农田，又增加了收入。在南京林业大学教授指导下，后白镇美桃果品专业合作社在碧根果林下建菌菇大棚，种植羊肚菌和栗蘑，常年雇佣村民 20 多人。2021 年年底开始，句容实施"探索全域开展农产品质量安全追溯机制"省级第四轮农村改革试验区任务，建立追溯管理与市场准入衔接机制，并逐步向非规模农户延伸。农户产品经过县（市）、镇两级的巡查、抽检合格后，才能拿到"食用农产品承诺达标合格证"，拿到这个合格证，相当于拿到一个"信誉证"与"身份证"，农产品更好卖，价格也卖得更高。江苏创史农业发展有限公司是一家稻种研发培育企业，在开发区河桥村有种植基地，该企业通过委托种植、免费指导等方式，带动当地种植户实现从"卖稻谷"到"卖稻种"转变，走上了致富快车道；后白镇西城村与后白镇稻米龙头企业、稻米产业研究院合作，依靠品牌企业，带动特色水稻种植迅速发展，如今，特色水稻种植已成为西城村的主导产业。现在的西城村没有贫困户，没有暴发户，家家都是富裕户；句容市宝华镇苍头村村委会创办强民稻米合作社，合作社与南京农业大学和江苏省农业科学院开展深度合作，共建"产学研"一体化示范基地，彻底打破了技术桎梏，农产品实现了优质、稳产、高产。该村还因地制宜，充分利用丘陵山区岗坡地多的优势，引进项目，通过"公司+合作社+农户"的模式带动当地农民在丘陵岗坡地种植红薯等杂粮，提高当地农民的收入。白兔镇利用岗坡地种植高粱等农产品，培育壮大特色优势产业，采取"党支部+合作社+农户"模式，通过集体经济引领、种植大户示范带动等措施，不断向规模化、标准化方向发展。近年来，句容市在"抓好粮食生产，保障粮食安全"的同时，针对丘陵山区粮食生产中的薄弱环节，加快农业机械化的发展步伐。粮食生产全程机械化总水平由之前的 69.7% 上升到现在的 94.73%。如今，特色种植已成为农户增收致富的主要产业之一。句容深入推进农业供给侧结构性改革，整合导入高端资源，构建形成以"最优化的产业布局、最完整的产业链条、最先进的技术装备、最放心的质量品牌、最绿色的生产方式、最高效的经营主体"为标志的现代农业生产、产业和经营体系，抢占农业"食物链"高端环节。天王镇唐陵村，2009 年以来，以村里生态为底色，以苗木产业为特色，建成华东地区最大的苗木市场，吸引两家上市公司苗木基地落户，与中国科学院植物研究所等科研院所合作，成立江苏省彩叶苗木产业技术创新战略联盟，创建句容市唐陵彩叶花木研究院，不断攀升苗木产业链高端附加值，以转型升级实现高质量发展的赛道变更，为群众摘取一个又一个"致富金果果"。

二是大力发展乡村特色产业和新型业态，大力发展以民宿或乡村旅游综合体为主要载体的度假、文创、康养、氧吧、运动经济。围绕"特色农业+旅游"的产业发展理念，打造以葡萄、草莓等采摘农业观光旅游为主的特色种植基地，促进农民增收。采用物联网、大数据、云计算等新一代信息技术，推动农业生产从"靠经验"到"靠数据"，将数字技术有机融入农业生产。近年来，句容市以"亚夫团队工作室"为抓手，建起一支 2100 余人的乡土人才队伍，其中全国劳模 4 人、国家级非遗传承人 2 人、省"三带"人才 20 人。2022 年句容市出台了《关于加快推进乡村人才振兴的实施意见》，力争用 3 年时间，培育乡村产业振兴带头人"头雁"人才 30 名，以及"兴农科研英才、发展经营标兵、富民技术能手"人才 100 名，高素质农民培育度从 39.89%增加到 81.97%。一批拿得起锄头、开得动机器、搞得了研发的"新农人"纷纷上岗。为加速推动农业转型升级，借助高校创新力量，天王唐陵花木交易市场成为农业产业化国家级重点龙头企业，年销售额 50 亿元。后白草坪专业合作联社获"国家草坪产业标准化示范区"项目。句容果牧不忘农场党总支书记、总经理华梦丽，是位农学院毕业后从事农业的新农人，近些年来，为农民打造"田间课堂"，先后培训学员 1.6 万余名；免费技术性扶持农户 700 余户，辐射面积 4 万余亩；免费向周边村民开放农场，帮助售卖农副产品，线上线下带动农产品销售 461 万斤，为村民增收 1900 多万元。茅山风景区马埂村把中药材作为该村产业结构调整主攻方向，通过采取"合作社+基地+农户"的发展模式，建设以种植、加工为一体的示范基地，带动了全村近 50 人就业，铺就了群众致富路。天王镇唐陵村与中国科学院植物研究所合作，创建唐陵彩叶花木研究院，以科技创新引领产业高端发展。句容市草莓种植发源地和核心区的白兔镇，将草莓产业作为实现农民增收的有效路径，以引进草莓新品种、新技术为抓手，着力形成草莓科研、品种选育、种苗繁殖、深加工、休闲旅游等完整的草莓产业链。目前，白兔草莓获绿色产品认证 3 个，注册商标 45 个，其中"万山红遍"获中国驰名商标，"云兔""柏生"草莓获江苏省名牌产品，"莓好白兔"区域品牌价值突破 3.37 亿元。

"公司+农户+回收+电商"经营模式。句容获评首批"全国农业科技现代化先行县"。句容市现代农业产业园入选国家现代农业产业园，获 7000 万元国家补助资金。

四、以完善农村公共基础设施和公共服务，推动农民共同富裕

习近平总书记强调："现阶段，城乡差距最大最直观的是基础设施和公共服务。"《乡村建设行动实施方案》指出，要实施农村基本公共服务提升行动，加强农村基层组织建设。在农村，农户之间存在收入差距，且收入差距较大，尤其是小农户收入较低。完善农村公共基础设施和服务，能增强农民群众的幸福感、获得感、安全感。农村公共基础设施的重点是全面改善乡村水、电、路、气、通信、广播电视、物流等服务于农民生产生活的基础设施。句容大力推进城乡供水供气一体化，持续改善乡村人居环境，下大力气推进健康乡村建设。以农村治理为导向，探索"物业进乡村"的精细化管理模式。成立镇物业管理办公室，行政村设立物业管理中心，负责各村的物业服务工作。村物业管理中心服务事项主要包括公共服务与个人服务两大项，其中公共服务包括农村基础设施维护、乡村人居环境整治等；个人服务事项则涵盖村民生活方方面面。实行公共基础设施城乡一体化管护。推进数字乡村建设，推动"互联网+"服务向农村延伸覆盖，推动数字技术与农业农村经济深度融合，加快物联网、云计算、大数据、人工智能在农业生产经营管理及农产品流通中的应用，让数字经济成为促进农民共同富裕的助推器。运用数字化管理系统对生产各环节进行全程监控、实时操作，确保农产品质量。用广阔的线上平台促进更多的农民投入"直播农业、线上农业、创意农业、观光农业"，丰富农业发展模式，让农产品准

确高效对接市场。"智慧农业"开始变得触手可及，从"靠天吃饭"到"科技种植"。手机成为新农具，直播成为新农活，流量成为新农资，有序推动城乡道路、停车场、充电桩、水电气网等基础设施统一规划、统一建设、统一管护、逐步实现同规同网，推广农村公共基础管护一体化平台。以促进公共服务均等化为重点，统筹推进各项社会事业，加快实现城乡公共服务一体化，着力构建起覆盖全市、惠及全民的公共服务体系。进一步优化城乡教育资源配置，建设城乡学校共同体。推进城乡基层医疗卫生机构建设，为农村居民就近入学、就医提供更优质的服务；完善村级综合服务站点，推进"一站式"便民服务。健全乡村医疗卫生服务体系，加强乡村医疗卫生人才队伍建设，落实乡村医生待遇，村医待遇与镇卫生院同级在编人员基本一致，保障其合理收入，改善乡镇卫生院和村卫生室条件，行政村的乡村医生实行镇聘村用，确保满足群众家门口看病需求，建设紧密型县域医共体，提高乡村医疗服务水平。鼓励卫生院利用现有资源开展农村重度残疾人和失能孤寡老人托养照护服务。边城镇将医疗资源与养老资源有效结合，组建医养中心，由边城卫生院托管，探索出符合养老需求的"医养结合"新模式，改变了敬老院只能养不能医的状况。句容基本建成以居家为基础，医养结合的养老服务体系。针对脱贫不稳定农户、边缘易致贫户等重点人群实施动态管理，健全返贫监测和帮扶联结机制，增强其内生发展能力。适当提高农民的社会保障待遇。健全农民养老保险制度，提高老年农民的最低生活保障标准，特别是提高养老金标准，增加老年农民福利项目。针对农村"未富先老，未备先老"现象，句容一些集体经济收入高的村实行由村集体主导，为老年村民提供包括医疗康养在内的较高水平的全面养老服务。扩大农民医疗保险与医疗救助的保障范围，提高农民医疗保险与医疗救助的比例。推进户籍制度改革，消除依附在城乡户口上的医疗、住房等差别化待遇，稳步提高农村社会保障，有序提升农村各项社会保险覆盖面和保障水平，稳步缩小城乡社会保障待遇差距。目前，句容县域内教育、医疗保障、居民养老基本实现了无差别化，社会救助标准也比较接近，句容市下一步将探索与镇江市公共服务同城化。进一步做大做强县城，今后搬迁安置小区尽可能集中在县城，方便学生在县城就读和老年人就医。借鉴浙江温州龙港市经验，将农民群体纳入住房公积金改革，让住房公积金制度惠及农民群体。白兔镇樊忠家庭农场经营者樊忠，积极探索新的发展模式，学习先进种植技术和销售方式，将传统家庭农场建成采摘园，种有草莓、小番茄、水果玉米、西瓜、甜瓜等水果，从冬到春、从春到夏，优质的特色鲜果让采摘不间断，充分满足了游客采摘需求，也让樊忠获得了更多收益。江苏大学农机专业科班出身的夏洪宇，毕业后回乡成立句容亲蜻农机有限公司从事农机维修服务，年维修农机及无人机超 3000 台次，农机培训超 2000 人次，是苏南地区除农机生产企业以外最大的农机维修中心。

五、以镇村党组织为核心引领农民共同富裕

推进农民共同富裕基层党组织是引擎，是根本保证。农村集体建设用地、经营性用地存量很大，还有闲置农房、宅基地等都是有待激活的发展资源。构建合理的土地增值分配机制，落实国家关于土地增值收益"取之于农，主要用之于农"的要求，提高农民获取土地增值收益的份额，增加农民收入。

近年来，边城镇桥东村在村两委班子共同努力下，盘活村集体闲置土地 3600 亩，让"沉睡"地变成产业发展的"热土"，不仅增加了村集体收益 220 万元，也让 500 农户受益，带动当地农民 70 人就业。该村作为资源盘活典型案例，入选江苏省农业农村厅发布的"'共同富裕百村实践'新型农村集体经济发展典型案例"。白兔镇实行党员先锋指数评价体系，培养了 40 余名鲜果产业"党员中心户"，鼓励他们全力当好发展"三大员"，以"党员中心户"

履职能力提升果农的"幸福指数"。一是当好理论政策和实用技术宣传员。"党员中心户"定期组织农户学习，向党员、群众讲政策理论、法律法规和实用技术。二是当好致富示范员。"党员中心户"带头学技术、学销售，在不断提高自身发展能力的基础上，以"党员+种植户"模式，做到"手拉手"解决问题。三是当好关怀帮助员。每名"党员中心户"至少结对10户种植户，帮助其解决种植、销售方面的问题。随着"党员中心户"成效的发挥，"一户带一片、多片带整体"效应正蔚然成风，全镇草莓种植面积增长22%，标准化技术运用率提高60%。2001年以来，"党员中心户"队伍共结对帮扶168人次，带动就业122人，帮助鲜果销售220余万元，所在村集体平均增收3万元，带动农户平均增收5000元。边城镇衣庄村党支部为更好地带领村民致富，2018年在边城镇和句容市农业农村局的支持下，启动"幸福菜篮"蔬菜基地建设，通过党建引领形成"党支部+合作社+农户"的运营模式。党支部动员党员干部组建志愿服务队，以"一对一"结对互助的方式带领农户一起干，将新时代文明实践阵地前移至田间地头，为农户传运最前沿的种植技术、最新的理念、新优品种和市场前景，并讲解、指导和演示蔬菜田间管理。"幸福菜篮"蔬菜基地的运营不仅带动了村民增收致富，也增加了村集体经济收入。同是该镇的青山村党总支书记朱小龙，凭着一颗"为人民服务"的初心，做给乡亲们看，带着乡亲们一起干，成立的句容市边城镇古枫苗木种植专业合作社发展为华东地区首屈一指的"景观造型黑松"种植基地。合作社的成立增加了乡亲们的收入，2021年村集体可支配收入达300万元。句容市天王镇戴庄村，在全国脱贫攻坚楷模、党的二十大代表、戴庄有机农业合作社研究员赵亚夫带领下，走出一条"党支部+合作社+农户"模式的道路，全村812户农户以土地入股的形式加入合作社，一家一户小农经济转变为村党委领导下的"合作社+农户"统分结合的经营模式。合作社提供"一条龙"服务，每年所得利润80%返给农户，村民人均年收入从原来 3000 多元到 2021 年 37500 元，增长了 10 倍多。天王镇唐陵村为克服单个专业合作社经营规模和服务半径较小的弊端，将花木专业合作社和花木交易市场进行整合，成立花木行业商会，抱团发展闯市场，规划建设 3000 亩"木易园"，提高了花木产品的市场竞争力。后白镇西冯村创立了"党支部+基地+合作社"的发展模式，帮助农民摆脱只在生产环节上打转转的怪圈，增加了农产品附加值。天王镇唐陵村两委充分发扬"干部敢为、地方敢闯、企业敢干、群众敢首创"的"四敢"精神，2008年发动 15 名党员干部带头成立句容市天王华安彩叶苗木专业合作社，带领群众种植花卉苗木，之后又组建苗木商会，建成华东地区首屈一指的苗木销售市场，走出了一条"党建引领、合作富民"的新模式。后白镇西冯村党总支大力发展草坪产业，推动党建工作与富民强村有机结合。在西冯花草木专业合作社的带动下，按照"合作社+基地+农户"运作模式，西冯村形成"种、产、运、销"和科教一体化的全产业链草坪经营体系，带动了全村老百姓致富。2022 年，人均收入达 4.8 万元。同时，该村积极探索产业转型升级之路，大力发展乡村休闲旅游业，先后获得"全国乡村特色产业亿元村""中国美丽休闲乡村"等荣誉称号。白兔镇柏生草莓专业合作社党支部书记、社长王柏生利用"大棚课堂""田间课堂"等载体，领着村民一起种草莓，学习新技术，推广新品种，共同增收致富。如今，安徽金寨、江西上饶、河南周口、贵州铜仁等地都飘着王柏生指导种出的草莓香味。位于茅山老区的句容市茅山镇袁相村，在镇江、句容两级统战部门的关心支持下，以"同心工程"实验区为载体，坚持以项目带动实验区产业振兴，带领村民同走致富路。

共同富裕是社会主义的本质要求，是中国式现代化的重要特征。实现共同富裕是一项长期、艰巨、复杂的任务，是一个在动态中向前发展的过程，不可能一蹴而就，必须脚踏实地，久久为功，朝着共同富裕方向稳步前进，打造"一福地四名城"新句容。

农业农村优先发展　加快建设农业强国

农业是立国之本，强国之基。2021 年我国人均 GDP 达 1.25 万美元，工业化进入中后期，城镇化率达 64.7%，有条件推动农业农村优先发展，实现"以工补农、以城带乡"。习近平总书记在党的二十大报告中明确提出，全面推进乡村振兴，加快建设农业强国，展示了打造与我国大国地位相称的农业强国的信心与决心，为中国式农业农村现代化指明了方向。

一、我国农业发展现状

我国是世界重要的农业大国，农业资源丰富，农产品种类多、总量规模大，长期增长态势向好。但农业整体发展水平与世界农业强国存在较大差距，具体体现在以下方面。

1. 中国农业体量大、增速快，竞争力不强

近 10 年间，中国农业发展取得了举世瞩目的成就，中国成为世界范围内为数不多、名副其实的农业大国。从农业增加值看，中国多年位列世界第一，2020 年我国农业增加值为 11336 亿美元，占世界的比重达到 31.1%，比 2010 年提高了 9.3 个百分点。中国农业保持 60 多年高速增长，按可比价格计算，1953—2019 年中国农林牧渔业总产值年均增长率为 4.5%，1979—2019 年该指标年均增长率为 5.5%，在世界范围内农业长期保持如此高速增长的国家并不多见。

然而，与大体量和高增长相对应的是我国农业的竞争力不强，

劳动投入回报率低。有数据表明，我国用30%的劳动力创造了占国内生产总值9%的农业产值，美国仅用2%的劳动力创造了美国国内生产总值2%的农业产值。形象地说，我国30个人种地才能养活100个人，而美国仅2个人种地就能养活100个人。中国农业从业人员占比较高，单位农业劳动产出水平低于发达国家。一方面，农业从业人员占比下降速度近年来减缓。根据《中国统计年鉴2021》数据，2020年的中国农业从业人员占比为23.6%，自2016年以来年均仅下降0.88个百分点，远低于2004—2015年平均下降1.76个百分点的速度，多数高收入国家的这一比例已低于3%。农业承载了过多的生计功能，产业和经营功能的发挥并不充分。2019年，中国农业劳动力人均农业增加值为5609美元（2015年美元不变价），仅相当于美国、以色列、加拿大等国家的5%、欧盟整体水平的20%，低于中等偏上收入国家整体水平，与高收入国家整体水平的差距在3美元以上，反映了中国农业劳动力要素投入回报率较低的现实。

2. 中国农业科技含量低，前沿科技掌握不足

最能体现农业发展水平的技术应用领域，主要包括现代种业、农机制造和智慧农业等。其中，中国主粮种子能够完全自给，畜禽核心种源自给率超过75%，外资种子企业市场份额仅占3%左右。但是，中国种业的产业化和市场化水平还较低，较高附加值农产品的核心种源大部分仍掌握在国外公司手里，中国对种质资源的开发和利用不足，进口依赖度高。在农机制造方面，国外农机产品基本可以实现作物全程机械化，但国产农机还不能适应大部分作物的全部作业环节，尤其是经济作物的机械化水平较低，高端农机具主要依靠进口。就前沿信息技术领域而言，中国绝大多数的智慧农业关键核心技术还处于跟踪阶段，尤其在基础研究、作物模型和数据积累等方面较为薄弱，农业物联网、大数据、人工智能等技术在国内还基本处于试验阶段，而部分发达国家的相关技术已经进入产业化

阶段。

3. 中国农业生产成本高，绿色转型困难

随着城乡、部门间劳动力要素流动加快，农业劳动力投入已不具备成本上的比较优势，近年来人工成本、物流与服务费用等一直处于高位，导致农业生产成本居高不下。2016 年起 3 种粮食作物（稻谷、小麦、玉米）平均净利润连续 4 年为负，导致劳动密集型的生产方式难以为继。同时，化学投入品的利用效率较低，虽然近年来中国化肥、农药投入总量减少趋势明显（根据《中国统计年鉴 2021》数据，2020 年全国农用化肥施用量 5250.7 万吨，较 2015 年降低 12.8%），但是，中国化肥、农药等的施用强度仍远超国际公认的安全上限，更高于世界和中等偏上收入国家的平均水平。这样生产出来的农产品无法达到绿色、无公害的标准，农业转型高质量发展面临困境。

另外，绿色农产品短期内投入和产出不平衡。以西瓜为例，若按绿色农产品的标准种植，不仅产量会比普通西瓜低，而且化肥农药的减少会使西瓜大小不一，影响农产品的销售情况。对于农民而言，绿色农产品的种植风险高、质量认证程序过于复杂，农民的理解能力和接受能力有限，对绿色农产品投入的热情不高，最终导致产业绿色转型动力不足，可持续发展缺乏后续力。

二、加快建设农业强国的重大意义

基于对我国国情、农情的全面认识，要改变目前农业发展的现状，必须加快建设农业强国。这一国家战略意义重大、关系深远，是我国在新时代新征程上必须坚持的农业发展主攻方向。

1. 建设农业强国是中国全面建成社会主义现代化强国的迫切要求

党的二十大报告确立了全面建成社会主义现代化强国分两步走的总战略，即到 2035 年基本实现社会主义现代化，到本世纪中叶，

把我国建设成为综合国力和国际影响力领先的社会主义现代化强国。报告明确把建成教育强国、科技强国、人才强国、文化强国、体育强国作为 2035 年我国发展的总体目标之一，并明确提出加快建设制造强国、质量强国、航天强国、交通强国、网络强国、农业强国、海洋强国、贸易强国、教育强国、科技强国、人才强国、体育强国和社会主义文化强国，共涉及 13 个方面的强国建设。这一系列的强国建设均是全面建成社会主义现代化强国的有机组成部分和重要支撑，构成了我国社会主义现代化强国建设的完整战略体系。

特别是在党的十九大报告的基础上，党的二十大报告首次明确提出"加快建设农业强国"，由此把农业强国建设正式纳入了我国社会主义现代化强国建设战略体系。很明显，农业强国是社会主义现代化强国的重要体现，建设农业强国是全面建成社会主义现代化强国不可或缺的重要组成部分。加快建设农业强国是全面建成社会主义现代化强国的必经之路，也是其重点难点所在。到 21 世纪中叶，如果我国不能如期建成农业强国，全面建成社会主义现代化强国的成色和含金量将会受到严重影响，现代化强国建设也将缺乏坚实的基础。

2. 建设农业强国有利于满足人民对重要农产品的基础需求

中国有 14 亿多人口，其规模超过现有发达国家人口的总和，国内粮食消费和需求量巨大。2021 年，我国粮食总产量达 68285 万吨，粮食进口量为 16453.9 万吨，出口量为 331 万吨，国内粮食需求量高达 84407.9 万吨。世界上真正强大的、没有软肋的国家，都有能力靠自己解决吃饭问题。因此，在中国这样一个人口规模巨大的国家推进现代化，必须始终确保国家粮食安全。

我国由农业大国向农业强国转型最核心的要求，是依靠自己的资源解决自己的问题，依靠自己的供给解决自己的需要问题。令人欣慰的是，经过几十年不懈努力，我国粮食、肉类和水产品等重要农产品供给有了坚实的生产基础，不仅粮食、肉类和水产品等重要农产品总量多年位居世界第一，粮食、肉类和水产品等重要农产品人均量也超过世界平均水平，满足了城乡居民对重要农产品的总量需求。随着城乡居民粮食结构不断优化，人民对农产品总量和多元化供给的需求不断增长，实现重要农产品供需平衡，过去是，现在是，将来一个长时期内仍然是农业强国建设过程中的最重要任务。

3. 建设农业强国是提高农民收入、促进共同富裕的重要途径

虽然我国农业对国内生产总值和财政税收的贡献率确实在下降，但农业仍然是关系农民生计的最大产业。截至 2022 年 6 月，全国还有近 3.2 亿劳动力靠农业为生，农民纯收入中有 49% 左右来自农业。必须看到，通过建设农业强国，发展现代农业，开展农业集约经营，开发农业多种功能，延伸农业产业链条，靠农业增收仍然大有文章可做。比如，我国不仅有近 19.2 亿亩耕地，还有 40 亿亩草地、42.7 亿亩林地、5.4 亿亩水域及水利设施用地，用现代经营方式和科学技术把这些资源充分利用起来，向农业广度和深度要效益，仍可以为农民增收提供广阔空间。

共同富裕是社会主义的本质要求，是中国式现代化的重要特征。新时代 10 年，我们全面打赢脱贫攻坚战，历史性地解决了绝对贫困问题，但城乡差距依旧明显。没有农民富裕，全体人民共同富裕的美景亦不可能变成现实。必须加快建设农业强国，坚持城乡融合发展，全方位增加农民收入。农民增收的最根本源泉应当来自农业和农村，未来的重点是激发乡村内生活力，建立各具特色、具有竞争力的现代乡村产业体系和农业农村导向型的农民稳定增收机制，要多途径增加工资性收入、促进经营性收入快速增长、拓宽财产性增收渠道。通过强农业、强农村、强农民，扎实推进全体人民共同富裕。

4. 建设农业强国将为全世界农业发展提供中国模式和中国方案

与西方国家现代化道路不同，中国经验基于和平稳定的自主发

展，强调相互尊重与合作共赢，更契合发展中国家实际。当前，传统农业仍是欠发达国家和地区的经济支柱，作为世界上人口最多、人均耕地资源极度缺乏的发展中国家，中国加快建设农业强国，在合作互惠中支持欠发达国家和地区的农业发展，不仅能为更多发展中国家提供经验，也将为世界农业多元化发展做出重大贡献。

三、加快建设农业强国的具体措施

随着农业现代化的稳步推进，当前我国已经具备加快建设农业强国的基础和条件，只有从现在起加快推进农业强国建设，并经过若干个五年规划的持续努力，才有可能使中国立足于世界农业强国之林，实现由农业大国向农业强国的转变，确保到本世纪中叶全面建成社会主义现代化强国。

着眼新征程，加快建设农业强国，必须确保粮食安全和重要农产品供给，通过提升产业素质和主体实力，实现从规模到效益、从数量到质量、从科技装备到保障能力、从经营体系到产业韧性的全面跨越。

（一）全方位夯实粮食安全根基

粮食安全是"国之大者"，在中国这样一个人口规模巨大的国家推进现代化，必须始终确保国家粮食安全，要把农业综合生产能力提升置于重中之重。把国家粮食安全作为强国建设的底线任务，这是中国式现代化和农业强国建设的重要特色，这与一些人口规模和国土面积较小的世界农业强国是不同的。

加快建设农业强国，必须依靠科技进步和组织管理创新，抓住耕地和种子两个要害，严守18亿亩耕地红线，守住谷物基本自给、口粮绝对安全底线，确保中国人的饭碗牢牢端在自己手中。要突出高标准农田建设的重要性，花大力气提升现有耕地的增产潜能，提高高标准农田建设标准，分区域实施不同政策，对中西部地区中央政府要加大投入比重，对发达地区政府要承担更多责任，政府要舍

策体系；到 2035 年，确保基本实现农业现代化，农业强国建设取得明显的实质性进展，为最终建成农业强国奠定坚实基础；到 2045 年，力争实现农业由大到强的转变，把我国建成现代化的农业强国。为此，要立足五年规划，将未来 4~5 个五年规划周期作为加快建设农业强国的重要时期，确立若干关键任务和重大专项，明确不同时期的发展目标和重点任务，接续推进。

加快建设农业强国是一项巨大的系统工程，更加需要中央和地方政府强有力的政策支持。在新形势下，要围绕加快建设农业强国的目标任务，制订行动计划，调整相关规划，深化农业供给侧结构性改革，完善支持政策体系。当前，应借助全面推进乡村振兴的有利时机，尽快制订推进农业强国建设行动计划，启动实施一批专项行动、重大工程和重点项目。同时，要将加快建设农业强国作为重要目标任务纳入下一阶段乡村振兴五年规划，并通过规划中期评估和调整将其纳入国家"十四五"规划和 2035 年远景目标纲要，以及《"十四五"推进农业农村现代化规划》中，切实把加快建设农业强国摆在与其他强国建设同等重要甚至优先的位置。此外，还要加大对农业强国指标体系和政策体系的研究，进一步强化科技和人才支撑，加大资金和政策支持力度，完善农业支持保护制度和政策体系。

（五）深化产业融合，拓展农业多种功能

农业强国的一个突出标志就是产业链条健全高端。建设农业强国，要贯通产加销，融合农文旅，不断拓展农业多种功能，挖掘乡村多元价值。首先，保障粮食等重要农产品产出，满足国民对重要农产品基本需求，这是全球各国农业发展共同的目标任务，更是我国农业发展的重中之重，要推进农业产业延链、补链、强链，带动种养业前后端延伸、上下游拓展，实现产品增值、产业增效，全面提高产业体系的韧性和稳定性，拓展农业增值增效的空间。其次，农耕文化是我国农业的宝贵财富，是中华文明的重要组成部分，其精髓几千年来生生不息，需要传承发展提升。最后，实现人与自然和谐共生，乡村是主战场，要注重资源的高效集约利用，走资源节约、环境友好的可持续发展道路。

建设农业强国是一项长期而艰巨的历史任务，我们要按照党的二十大精神要求，制定明确的时间表、路线图，稳中求进、积极作为，扎扎实实向前推进，奋力谱写农业农村现代化的新篇章。

壮大新型农业经营主体
加快句容农业现代化

党的十九届五中全会提出"优先发展农业农村，全面推进乡村振兴，加快农业农村现代化"。中共江苏省委十三届九次全会明确加快推进农业农村现代化，把更多资源力量优先投向农业农村。传统农业大县句容，突出新型农业经营主体在推进农业农村现代化中的优势，加大新型农业经营主体培育力度，农业农村发展保持了良好态势，迈上了全面建成农业现代化的新征程，2022年创成"率先基本实现农业现代化示范县"。但句容市仍存在一些不可忽视的制约新型农业经营主体成长壮大的因素。

一、句容壮大新型农业经营主体的制约因素

（一）支撑农业可持续发展的高素质人才短缺

随着经济快速发展和城镇化的快速推进，一大批有文化、高素质的农村青壮年劳动力涌入城市，地处苏南的句容，务农劳动力平均年龄是58.6岁。老人农业、兼职农业的客观现实，让小农户无能力也无动力去提升经营管理能力。家庭农场和农业专业合作社是企业化经营，不仅需要农业生产技术，还涉及成本核算、经营管理、市场营销等方面的知识和能力。虽然目前多数家庭农场和农业专业合作社已经配备文化程度较高的专、本科毕业生，但他们大多缺乏综合性才能。句容市休闲农业、乡村旅游、民宿产业的发展如火如荼，但是这其中更多的是城市创客、社会资本的介入和运作，

普通小农户只是把闲置的院落、房屋出租，没能把握住其中利润最丰厚的环节。

（二）新型农业经营主体带动能力较弱

句容市新型农业经营主体数量不足、活力不够，推动农业现代化的潜力难以充分发挥。一是句容农业龙头企业总体数量少、体量小，缺少市场影响力强、能够联系上下游产业且带动大量农户的大型企业。二是农民专业合作社整体上呈现有数量、没规模、带动力弱的特点，职能发挥不充分，经营管理不规范。绝大多数专业合作社还处于组织成员种植（养殖），为成员提供植保、防治服务的初级阶段，缺少集生产、加工、销售于一体的综合性农民合作组织，在发布供求信息、提供技术支持、业务培训、开拓市场、抵御风险等方面，没有充分发挥作用。三是家庭农场的主体地位有待增强。家庭农场生产经营结构比较单一，种植型家庭农场占到80%以上，其中粮食种植型家庭农场又是占比最高的类型，整体上经营能力有待提高。

（三）农村电子商务基础薄弱

网络是有一定技术门槛的，电子商务本身就是一门很大的学问，需要学习相关的上网操作技术，尤其是对文化水平并不很高的农民，更需要对其加强培训，使他们能够得心应手地掌握电商销售方法和技巧，让各类互联网应用为其服务，但针对性强的帮扶与培训很难跟上。农村物流具有季节性、多样化、规模小且分散等特点，不具备规模经济条件。由于技术欠缺、信息不通、渠道不畅，小农户在农产品的种植、加工、销售、运输等产业链环节均处于较低的发展水平，优质农产品生产出来了却运不出去，运出去了却卖不上好价钱是普遍现象。同时，农村电商还存在同质化恶性竞争、创新不足等问题。

二、句容培育新型农业经营主体，加快农业现代化路径

（一）尊重农民主体地位，全面激活农村内生动力

农业的主体是农民，实现农业现代化，须要激发广大农民的积极性、主动性、创造性，增强农民群众的主人翁意识，激活农村内生活力。

1. 持续提升新型农业经营主体素质

句容高度重视新型农业经营主体的培育。自 2017 年起，句容每年举办"十佳农民"评选，选拔一批"有文化、懂技术、善经营、会管理"的新时代农民。"十佳农民"每人不仅获得项目奖补 10 万元，还可获得最高 20 万元的"启航贷"贴息贷款。符合条件的外市户籍人员也可以报名参与，享受相关涉农政策。"十佳农民"范亚君研发的草莓新品种"百利"，已入选国家种子资源库。与江苏农林职业技术学院、扬州职业大学等院校联合，对新型农业经营主体按需开设涉农成人教育大专班和本科班，通过"半农半读"的灵活学制教育，提升新型农业经营三体的学历层次。句容还首开国际化交流大门，与日本农文协、日本鲤渊学院签订农业人才培养合作协议，近年来，共选派"葡二代""莓二代"等新农人赴日本培训 11 批次 150 人。年轻"葡二代"经过培训，种植理念彻底改变，通过对每串葡萄的粒数进行严格控制，保证了串形、甜度等品质，以高品质赢得了高效益。"葡二代"方应明不但无偿地传授技术给周边农户，还发动群众规范化种植葡萄。句容将网络直播引入农民培训，让农民看得见、摸得着。引导农民用手机注册农技耘 App，将各类问题以图、文字、视频等形式发到农技耘 App 上，农技专家会 24 小时在线解答各类问题。由赵亚夫等退休农技专家、在职农技专家、农民中的"土专家"组成的 33 人的"亚夫团队工作室"，把全市种植大户、家庭农场、农民专业合作社按产业类别建 QQ 群、微信群，开设

群课堂。全国劳动模范方应明先后制作葡萄田间作业抖音视频7个，视频加注了技术要领文字说明，通俗易懂。

2. 返乡大学生为新型农业经营主体输入新鲜血液

句容市鼓励大学毕业生投身农村事业，制定大学毕业生到农村经营农业的政策及配套措施。句容成立返乡大学生创业联盟，农业农村局创新成立新农人党支部、句容市青年职业农民协会，吸纳优秀高素质农民，通过发挥平台优势，进一步激发青年创新创业活力，让有为的知识青年成为未来职业农民的生力军。"95 后"返乡创业大学生华梦丽接手父亲经营亏损的果牧不忘家庭农场，如今该农场已成为远近闻名的"果牧王国"，并带动了母校困难大学生12 人就业，农民固定就业 40 余人，免费技术辐射周边 300 余户，被共青团中央、农业农村部评为"全国农村青年致富带头人"。茅山镇东霞村"90 后"丁方平回村跟父母种葡萄，成为一个懂互联网技术的"葡二代"；西冯村陈文军原先在深圳的电子厂工作，2006 年回乡种草坪，后来当上经纪人，现在一年纯收入 100 多万元；华甸农产品专业合作社的蔬果生产基地里，江苏农林职业技术学院的"90 后"毕业生逐渐挑起大梁。2020 年句容返乡创业大学生达到 664 人，大学生返乡创业渐成"归潮"之势。句容市全面启动农业生产经营中的技术人员及返乡创业大学生等职称申报评定服务"绿色通道"，采取现场服务、定期走访、联合上门等多形式，已帮助 38 名乡土人才申报职称。深化农村集体经济组织改革，完善城乡融会贯通的社会保障体系，让回乡、下乡、返乡的各类人才进入农村社区，加入集体经济组织，与其他成员享受同等待遇。

3. "新农商"成为推动农业现代化的生力军

随着近年来互联网、大数据、云计算等技术的普及，手机成了新农具，数据成了新农资，直播成了新农活。借助"互联网+"与农业农村深度融合，以往"藏在深山无人知"的特色农产品进入了城市人的餐桌，丰富多变的市场信息也得以"无延迟"地直达农户。句容多渠道开展农村电商从业人员的引进和培训。依托镇江市青年职业农民培训学院常态化开展的"青壳汇"电商培训，截至2021年7月已培训电商创业人员1000余人。句容市人社局以抖音短视频、淘宝直播和快手等网络平台为切入点，特邀江苏歌德电子商务教师团，为学员解析利用电子营销、形象宣传的抖音直播带货方法技巧。丁庄万亩葡萄专业合作联社参照手机线下体验店模式，建立线下特色葡萄体验店，以线上销售吸引线下体验，以线下体验带动线下销售，推动形成良性循环发展。句容"福地云选"电商服务平台将目光盯向本地蔬菜，这些蔬菜在农民手里产生不了多大价值，但在周边南京等大城市消费市场中，这种儿时的记忆、妈妈的味道很受欢迎。平台要求农户按照自己吃的标准种良心菜，再配套溯源抽检体系，让消费者放心。作为全国电子商务进农村示范县，句容市大力推动农村地区发展以配送为主的服务体系，建设了一批全覆盖的物流配送体系设施，率先实现"村村通快递"，先后创成白兔倪塘草莓、葡萄种植，以及天王唐陵苗木栽培和后白草坪种植等3处省级农村物流示范点，形成了以"时令果蔬、苗木、草坪"为特色的农产品省级物流示范点群。

（二）发展农业适度规模经营，引领小农户有机衔接现代农业

句容农村人均耕地面积小，农业占农民收入的比重较小，农民对经营农业依赖小且兼业化现象突出。大力培育新型农业经营主体，发展适度规模经营，是句容农业实现现代化的有效途径。

1. 发挥农民专业合作社带动作用

农民专业合作社能够在稳定农户家庭承包经营的基础上，为成员提供农业生产经营服务，组织小农户"抱团"闯市场，帮助小农户克服分散经营的不足，提高农业经营效率，是解决小农户与大市场对接问题的一个有效途径。句容市积极推广"党支部+合作社+农户"的"戴庄经验"。戴庄村党支部领导创办农民专业合作社，党支部书记当选合作社理事长，农户以土地入股，戴庄有机农业合作社为农户提供产前、产中、产后统一服务，并把加工销售环节的利润留给农民，用提留的公积金为村民办事，促进了村集体经济和农民收入"双增长"。为谋求更大发展空间，句容推动合作社联合组建合作联社。茅山镇党委采纳著名农业专家赵亚夫的建议，围绕提高现代化生产技术与提升农民生产经营组织化程度两大核心，成立丁庄万亩葡萄专业合作联社，下设生产、技术、管理和销售 4 个部门，不仅"联通"全镇原有的 7 家合作社、5 家家庭农场、1927 家种植户同打"一把伞"，而且镇农业服务中心及涉农相关部门全部加入。联社成立以来，借助政府部门的力量，通过组织专业化服务团队，两万亩葡萄实现品种育苗、生产资料、技术指导、质量标准、品牌销售"五统一"，"丁庄葡萄"有了市场定价权。丁庄万亩葡萄合作联社入选全国"开展联合合作，提升市场竞争能力"典型案例。全市已有 19 个农民专业合作社联社，有"戴庄有机农业""丁庄老方葡萄""强民稻米"等 15 个国家级示范合作社。句容荣获全国农民合作社规范化建设整体推进县称号。

2. 发挥农业龙头企业联农带农作用

农业龙头企业作为农业产业化经营的新型组织者、带动者和市场开拓者，能有效推进农业规模化、标准化、品牌化，让农产品产生"工业效益"。句容市鼓励龙头企业为普通农户提供生产资料、技术、农机作业和销售服务，促进小农户生产与现代农业有效衔接；引导龙头企业吸收农户（合作社）参股，让农户成为企业股东，使企业与农户形成"资金共筹、利益均沾、积累共有、风险共担"的经济利益共同体；探索"订单收购+分红""农民入股+保底收益+按股分红""土地流转+优先雇用+社会保障"等多种利益联结方式。唐陵花木交易市场有限公司拥有花木 10000 余亩，拥有 1 个森林产品电商城、2 个园林上市公司、2 个花木专业合作社、9 个经济合作社和 200 多家花木注册公司，花木基地拥有花木品种 200 多个，远销上海、山东、四川等全国 20 多个省市，带动句容、金坛、溧阳、溧水等地发展花木达 30 万亩，带动 8 万多农户，加入市场的经纪人达 1200 多人，被农业农村部等八部委联合批准为国家重点农业龙头企业。苏科鲜食玉米研究有限公司是一家专门从事鲜食玉米研发、生产、销售的一体化综合性农业发展公司，该企业和下蜀空青村合作，以"村企联建"的方式建设鲜食玉米种植基地，村以土地入股项目，负责组织农户进行种植管理，企业负责提供种子、种植技术服务、产品销售，以及产品深加工等工作。位于郭庄村甲山脚下的句容乐园生态农业科技有限公司是一家以生态农业开发为主的企业，利用"旅游+""生态+"模式，开发农业多功能性，推动农业产业与旅游、教育、文化等产业深度融合。

3. 发展农业生产托管服务

小规模种植户的家庭经营是句容农业最主要的经营方式，他们从事粮食种植面临两大难题与挑战：一是小规模种植户生产条件下的土地经营规模较小、细碎化程度较高等因素导致耕、种、防、收等环节难以实现大型机械化作业；二是小规模种植户分散购买农资、农机等生产资料，不具有价格谈判权或选择权，造成了农业生产的高成本，甚至有购买到假农资的风险。农业生产托管是少数人服务多数人种田的农业社会化服务的重要业态，在不改变土地承包经营权的前提下，将耕、种、防、收等部分或全部作业环节委托给社会化服务组织完成，不仅让小农户成为适度规模经营的真正参与者和受益者，也有助于破解土地流转中地租高及土地撂荒、耕地"非粮化"等问题。以专业化、市场化的农业生产社会服务替代一家一户的个体劳动，能够大幅度提高劳动生产率，解放农村劳动力，有效解决"谁来种地""如何种地"的问题，还能有效解决乡村面临的老龄化困境，这成为小农户与现代农业有机衔接的有效途径。句容把农业生产性服务业作为农业发展新的增长板来打造，制定农业托管生产性服务企业扶持名录和服务标准化体系，加快培育一批区域内有影响力的新型农业服务主体。位于郭庄镇的纪兵农业机械服务专业合作社，利用自身农业机械规模大而全的优势，为辖区内外 32000 多亩农田提供耕、种、管、收、销全程社会化服务。宝华镇仓头村强民稻米专业合作社探索"全程机械+综合农事"服务新方式，辐射 1700 个农户。

（三）坚持党的全面领导，为加快农业现代化提供组织保障

《中共中央 国务院关于全面推进乡村振兴 加快农业农村现代化的意见》明确要求："充分发挥农村基层党组织领导作用，持续抓党建促乡村振兴。"习近平总书记强调，"要强化基层党组织政治功能和组织力，充分发挥基层党组织战斗堡垒作用和广大党员先锋模范作用"。

1. 选优配强村党组织书记

《中国共产党农村工作条例》规定："农村基层党组织书记是本地区乡村振兴工作第一责任人。"中共中央办公厅、国务院办公厅《关于加快推进乡村人才振兴的意见》强调，要"推动村党组织带头人队伍整体优化提升"，要求"注重从本村致富能手、外出务工经商返乡人员、本乡本土大学毕业生、退役军人中的党员里培养选拔村党组织书记"。句容采取从优秀村干部中"挑"、从致富带头人中"选"、从机关干部中"派"、从大中专毕业生中"育"等形式，把真正想干事、能干事、干成事的优秀党员选拔到基层党组织带头人岗位上来，使其成为群众的"主心骨"和"贴心人"，带领群众齐心协力、共同奋斗。着力培养高素质村级"雁阵"队伍，通过"头雁领航""强雁拉动""雏雁支撑"的梯度建设，将村书记、村两委及年轻党员干部纳入"雁阵"三级队伍动态管理。一些镇将在外的乡村能人动员回来配备到关键岗位，有效地带领广大农民建设乡村。唐陵村党委书记刘树安把自家经营良好的企业交给家人经营，回村带领党员干部发展苗木产业，成立合作社，建设苗木交易市场。曾经的贫困村，通过连续 12 年的努力，实现村集体资产突破 1 亿元。唐陵村党委书记刘树安被评为江苏省"百名示范"优秀村书记、全国优秀党务工作者。位于 AAAAA 级风景名胜区茅山西麓的西冯村党总支书记李治顺，放弃自家经营良好的企业，带领村民发展草坪产业，全村 5000 多亩地全种草坪，实现了"党建引领强村、合作帮带富民"的目标。该村入选全国一村一品示范村、全国最美丽乡村示范村。

2. 将支部建在产业链上

句容按照有利于加强党的领导、有利于密切联系群众的原则，将支部建在产业链上，把党建的制度优势转化为生产力优势。白兔镇在草莓田间建立草莓种植示范党支部，由全国劳模纪荣喜任党支部书记，纪荣喜书记工作室帮助莓农解难题，牵头各类培训，发布各类生产和销售信息，通过"劳模做给果农看、党员带着果农干"的方式，助推草莓产业由过去单纯的增产向提质转变，从而进一步提高了白兔草莓的品牌效应。该镇葡萄种植示范党支部书记、致富果业专业合作社社长张奎峰，发挥党支部书记的"领头雁"作用，提出党员领头、党员带徒、党员领户的"三领"工作法，形成了"1 名党员示范户+3 名党员+5 户农户"的帮带发展模式，帮助群众一步步脱贫致富，赢得了众乡亲的赞誉和认可，张奎峰葡萄种植示范岗被评为 2020 年度镇江市级党员示范岗。茅山镇成立丁庄万亩葡萄专业合作联社党委，镇党委书记兼任合作联社党委书记，联社四大部门建立功能性党支部，联社 209 名党员及镇级职能部门 30 多名党员成立"春城无处不飞花"党员义工服务联盟，按专业特长组建 5 支党员志愿服务分队。句容着力选树一批产业链党员示范户，党员示范户公开承诺，比技术，看谁种植效益高；比规模，看谁带动能力强；比贡献，看谁帮带人员多。62 岁的新党员戴介文，为 500 多家种植户提供种子、农资、技术等"五统一"服务。戴庄村党委书记姚伟超在合作社担任理事长，村干部、大学生"村官"在合作社兼职，合作社依托党组织，提高了组织协调能力。戴庄村被评为"全国文明村"，被原环保部连续两次核定为"有机食品基地"。

　　培育壮大新型农业经营主体，是加快句容农业全面升级，农村全面进步，农民全面发展，农业实现现代化，把句容"一福地四名城"美好愿景演绎成现实的有效路径。

新时代党建引领农民共同富裕的句容实践

习近平总书记在第十四届全国人民代表大会第一次会议上指出，要"让现代化建设成果更多更公平惠及全体人民，在推进全体人民共同富裕上不断取得更为明显的实质性进展"；他在参加江苏代表团审议时强调，"基层治理和民生保障事关人民群众切身利益，是促进共同富裕、打造高品质生活的基础性工程，各级党委和政府必须牢牢记在心上、时时抓在手上，确保取得扎扎实实的成效"，要"加强各领域党建工作""为奋进新征程、建功新时代提供坚强有力的政治引领和政治保障"。

一、党建引领共同富裕，彰显制度优势

共同富裕是人类对美好生活向往的阶段性认知，满足人民对美好生活的向往，是中国共产党人的奋斗目标和实践遵循。"实现共同富裕不仅是经济问题，而且是关系党的执政基础的重大政治问题。"中国特色社会主义政治建设以党的领导、人民当家作主和依法治国的有机统一，为共同富裕提供了稳定的秩序和发展环境，确保人民对民主、法治、公平、正义等方面的强烈要求能够在共同富裕的进程中得以实现。党的领导是共同富裕的政治保障，发挥着举旗定向的统领作用。中国共产党高瞻远瞩，以大历史观审视中国现代化的发展进程，为共同富裕的实现刻画了时间表和路线图，提出到"十四五"末，我国的共同富裕迈出坚实的步伐；到 2035 年，共同富裕取得更为明显的实质性进展；到本世纪中叶，全体人民共

同富裕基本实现。清晰的目标、科学的规划是共同富裕实现的科学保证，而这一进程的实现离不开党的领导。只有不断加强党的执政能力建设，发挥党协调各方、统揽全局的领导核心作用，才能凝聚力量，使全体人民向着共同富裕的方向奋力迈进。中国特色社会主义制度是共同富裕的根本保证。西方国家在追逐现代化的进程中出现的贫富两极分化严重、中产阶级塌陷，导致的政治极化、民粹主义泛滥的教训更加彰显出中国共产党的领导优势、中国特色社会主义制度优势和共同富裕的制度安排优势，这些显著的优势是中国经济发展、社会稳定、治理有效的法宝。现阶段高质量的政治建设就是在推进国家治理体系和治理能力现代化的进程中，建设有为政府。实现共同富裕，需要准确定位政府职能，通过推进基本公共服务均等化，提升人民政治参与的积极性，展现有为政府在社会治理中的促进和助力功能。正如习近平总书记强调指出的："我们的方向就是让每个人获得发展自我和奉献社会的机会，共同享有人生出彩的机会，共同享有梦想成真的机会，保证人民平等参与、平等发展权利，维护社会公平正义，使发展成果更多更公平惠及全体人民，朝着共同富裕方向稳步前进。"

二、基层党建赋能，引领共同富裕

共同富裕，重在基层；基层之基，魂在党建。在开启全面建设社会主义现代化国家新征程中，应充分发挥基层党组织引领共同富裕的政治优势，大力破解共富难点问题，奋力奏响共同富裕"最强音"。

1. 赋能最新科学理论引领共同富裕

理论是实践的指南。新时代推进共同富裕，必须发挥坚持党的科学理论指导的政治优势，突出最新理论成果传导，不断加强思想引领。

深化基层党员干部理论武装。基层党员干部应认真学习领会习近平总书记关于共同富裕的重要论述，深刻把握党中央总体布局和战略意图；善于捕捉基层社会共富问题，并在科学理论指导下切实解决好这些问题。

加强党的路线、方针、政策宣传。向基层群众讲清楚，我们党带领人民实现的共同富裕是人民群众物质生活和精神生活都富裕、全体人民都富裕；前提基础是实现经济高质量发展，重要保障是通过合理的制度安排正确处理增长和分配的关系，不是搞福利主义、平均主义，更不是杀富济贫，并激励他们为实现共同富裕不断奋斗。持续推进舆论引导民众共同富裕期盼，充分彰显基层党组织的富民导向。

2. 赋能统筹协同治理引领共同富裕

破解共同富裕历史性难题，必须充分发挥基层党组织统筹谋划、协调各方的重要领导作用，推动基层治理创新，为实现共同富裕提供坚强政治保证，为实现共同富裕创造有利条件、奠定坚实基础。以提高政治素质和党性修养为目标，大力加强基层党员干部的教育、培养和管理，使其充分发挥推进共同富裕的先锋模范作用；明确基层党组织责任和使命，切实把维护群众根本利益、促进共同富裕作为工作重要出发点和落脚点。将推进共同富裕纳入基层工作全局，从基层经济、政治、文化、社会、生态文明建设等各方面系统谋划推进共同富裕，不断满足人民群众对美好生活的需要。健全基层治理机制，基层党组织应统筹各方力量，推动建立基层社会治理共同体，让经营主体、新社会阶层、社会工作者及志愿者等以更合理有效的方式参与到基层社会治理中，有效完善先富带后富的帮扶机制；深入挖掘各参与主体的治理优势，聚焦基层各项问题精准发力，补齐实现共同富裕过程中的治理短板；健全基层党组织领导的基层群众自治机制，完善网格化管理、精细化服务、信息化支撑的基层治理平台，为人民群众提供家门口的优质服务和精细管理。

3. 赋能贯彻落实整合引领共同富裕

在推动共同富裕进程中，全面贯彻党的共同富裕路线、方针、政策，把思想和行动统一到党中央决策部署上来；把党的决议决定、政策主张同基层实际紧密结合，发挥基层党员干部的特点和优势，做好落实执行的工作分工；建立健全履行党的决定的责任机制、协调机制、监督机制和激励机制，从组织上、思想上、行动上确保广大党员干部以饱满的热情投入推进共同富裕工作中；积极鼓励党员干部先行先试，用行动的实际效果证明党的共同富裕决策的科学性与正确性；围绕末端环节，打通"最后一公里"，确保党的决策部署落地生根、开花结果，惠及广大人民。大力整合共富资源。积极探索把基层党支部建立在产业链和项目上，通过组织嵌入和工作覆盖，助力共同富裕全面推进；立足本地特色资源、优势资源，不断创新思维，找准共富跑道，打造"共富工坊"，推动特色产业融合发展；根据资源共享、优势互补、共同发展总体思路，开展党建联建，整合人才、土地、资金等资源要素，使"共富"之路由"单打独斗"走向"抱团发展"；注重数字赋能，用好物联网、5G、区块链、人工智能等现代信息技术，推动数字引智、数字就业、数字救助，以数字化改革激发共同富裕强劲动力。

4. 赋能密切联系群众引领共同富裕

密切联系群众是党的最大政治优势。基层党组织须深入践行新时代群众路线，创新群众工作机制，积极引导群众奔向共同富裕。为群众共富提供全方位服务。以发展为第一要务，以政策、法律、科技、资金、市场、人才、信息支持为重点，着力搭建致富平台，为群众生产生活提供全方位、多层次优质服务；深化"领办一件事""我为群众办实事"等实践活动，建立基层党员先锋岗、责任区，用心用情解决好群众急难愁盼问题，切实做好共富进程中基础性、普惠性、兜底性服务工作；积极构建布局合理、覆盖广泛的党群服务中心体系，为实现共同富裕创造有利条件；鼓励有发展能力的党员结对帮扶，实现党群携手创业共富。以基层党组织、党员为轴心，建构多元化广泛参与的社会动员体系，通过"熟人圈""业

缘圈""趣缘圈"搭建纵横交织的社会网络，积聚推动共同富裕的
社会力量，高度关注基层其他组织发展变化，加强指导和管理，使
各类基层组织按需设置、按职履责，在推进共同富裕中唱好群英
会、打好合力牌；基层党组织要当好"主心骨"，依据不同年龄、
职业和地域，有效组织广大群众参与共同富裕事业，把"共同奋斗
创造美好生活"观念注入广大人民群众心中，不断汇聚心往一处
想、劲往一处使、创造共同富裕伟业的强大合力。

三、句容市以镇村党建引领农民共同富裕的实践

在推进共同富裕过程中，句容市牢牢把握镇村党建是构筑农民
共同富裕这个根本和保障，为农民共同富裕"赋能"。推进农民共
同富裕镇村党组织是引擎，是根本保证。针对农村集体建设用地、
经营性用地存量很大，闲置农房、宅基地都是有待激活的发展资源
的情况，近年来，边城镇桥东村在村两委班子共同努力下，盘活村
集体闲置土地 3600 亩，让"沉睡"地变成产业发展"热土"，不
仅增加村集体收益 220 万元，也让 500 余农户受益，带动当地农民
70 人就业。该村作为资源盘活典型案例，入选江苏省农业农村厅
发布的《"共同富裕百村实践"新型农村集体经济发展典型案例》。
白兔镇实行党员先锋指数评价体系，培养了 40 余名鲜果产业"党
员中心户"，推动他们全力当好发展"三大员"，以"党员中心户"
履职能力提升果农的"幸福指数"。一是当好理论政策和实用技术
宣传员。"党员中心户"定期组织农户学习，向党员、群众讲政策
理论、法律法规和实用技术。二是当好致富示范员。"党员中心户"
带头学技术、学销售，在不断提高自身发展能力的基础上，以"党
员+种植户"模式，做到"手拉手"解决问题。三是当好关怀帮助
员。每名"党员中心户"至少结对 10 户种植户，帮助解决种植、
销售方面的问题。通过"党员中心户"成效发挥，"一户带一片、
多片带整体"效应正蔚然成风，全镇草莓种植面积平均增长 22%，

标准化技术运用率提高 60%。截至 2022 年，"党员中心户"队伍共结对帮扶 168 人次，带动就业 122 人，帮助鲜果销售 220 余万元，所在村集体平均增收 4 万元，带动农户平均提高 8000 元。边城镇衣庄村党支部为更好地带领村民致富，2018 年在边城镇和句容市农业农村局的支持下，启动"幸福菜篮"蔬菜基地建设，通过党建引领形成"党支部+合作社+农户"的运营模式，党支部动员党员干部组建志愿服务队，以"一对一"结对互助的方式，带领农户一起干，将新时代文明实践阵地前移至田间地头，为农户传达最前沿的种植技术、最新的理念、新优品种和市场前景，并讲解、指导和演示蔬菜田间管理。"幸福菜篮"蔬菜基地的运营不仅带动了村民增收致富，也增加了村集体经济收入。同是该镇的青山村党总支书记和主任的朱小龙，凭着一颗"为人民服务"的初心，做给乡亲们看，带着乡亲们一起干，成立句容市边城镇古枫苗木种植专业合作社，合作社发展为华东地区首屈一指的"景观造型黑松"种植基地，在增加了乡亲们收入的同时，2021 年实现村集体可支配收入 300 万元。句容市天王镇戴庄村，在全国脱贫攻坚楷模、党的二十大代表、戴庄有机农业合作社研究员赵亚夫带领下，走出一条"党支部+合作社+农户"模式的道路，全村 812 户农户以土地入股的形式加入合作社，一家一户小农经济转变为在村党委领导下的"合作社+农户"统分结合的经营模式。合作社提供"一条龙"服务，每年所得利润 80% 返给农户，村民人均年收入从原来 3000 多元到 2022 年 38000 元，增长了 10 倍多。天王镇唐陵村两委充分发扬"干部敢为、地方敢闯、企业敢干、群众敢首创"的"四敢"精神，2008 年发动 15 名党员干部带头成立华安彩叶苗木合作社，带领群众种植花卉苗木，之后又组建苗木商会，建成华东地区最大的苗木销售市场，走出了一条"党建引领、合作富民"的新模式。该村为克服单个专业合作社经营规模和服务半径较小的弊端，将花木专业合作社和花木交易市场进行整合，成立花木行业商会，抱团发展闯市场，规划建设 3000 亩"木易园"，提高了花木产品的市场竞争力。后白镇西冯村党总支大力发展草坪产业，推动党建工作与富民强村有机结合。在西冯花草木专业合作社的带动下，西冯村按照"合作社+基地+农户"运作模式，形成种、产、运、销和科教一体化的全产业链草坪经营体系，带动了全村老百姓致富。2022 年，西冯村人均收入达 4.8 万元。同时。该村积极探索产业转型升级之路，大力发展乡村休闲旅游业，先后获得"全国乡村特色产业亿元村""中国美丽休闲乡村"等荣誉称号。白兔镇柏生草莓合作社党支部书记、社长王柏生利用"大棚课堂""田间课堂"等平台，领着村民一起种草莓，学习新技术，推广新品种，共同增收致富。如今，安徽金寨、江西上饶、河南周口、贵州铜仁等地都飘着王柏生指导种出的草莓的香味。位于茅山老区的句容市茅山镇袁相村，在镇江、句容两级统战部门的关心支持下，以"同心二程"实验区为载体，坚持以项目带动实验区产业振兴，带领村民同走致富路。

共同富裕是社会主义的本质要求，是中国式现代化的重要特征。实现共同富裕是一项长期、艰巨、复杂的任务，是一个在动态中向前发展的过程，不可能一蹴而就，而是任重而道远，这一进程的实现离不开党的领导，只有以党建引领农民共同富裕，脚踏实地，久久为功，朝着共同富裕方向稳步前进，才能形成建设"一福地四名城"新句容的有效抓手。